ヒルティ　幸福論

I

氷上英廣　訳

白水社

ヒルティ

幸福論　I

CARL HILTY
GLÜCK (Erster Teil)
1891

目次

仕事をするこつ

一

仕事をするのも一つの技術であるが、この技術はあらゆる技術の中でも最も大事な技術である。ひとたびこの技術をよく理解すれば、その他一切の知識や技能の獲得がきわめて容易になるからである。それにもかかわらず、正しい働き方、正しい仕事の仕方というものを心得ている人は、いつも割合に少数しかいない。おそらく未曾有《みぞう》といいたいほど「勤労」や「勤労者」が問題になっているこの現代にあってさえ、この勤労したり仕事をしたりする技術が、実際にいちじるしく向上し普及化しているとは見えない。むしろできるだけ働くまいとするか、あるいは生涯のごく短い期間だけ仕事をして、あとの部分は休息・閑暇ですごしたいというのが、社会の一般的傾向である。

仕事と休息、これは一見相容れない対立物のようだが、はたしてそうであろうか？　これをまず検討する要がある。勤労を讃えることは一応誰でもするが、それだけでは勤労へのよろこびは湧いてこない。勤労への嫌悪がこんなに蔓延し、ほとんど近代国民の病患ともなっていて、誰もかれもがこの理論的には讃美されているものから、実際的には逃れようとしているかぎりは、社会状態のいかなる改善もとうていありえない。勤労と休息がもし対立物であるとすれば、社会の病気は不治ということになろう。

思うに、閑暇・休息にあこがれるのは人間の本心である。どんなにつまらない愚かな者でもこの欲求は持っている。いくら高邁な人物でも、永遠にはてしない努力を願うということはない。いや、死後の、より幸福な存在を想像する場合にも、われわれは「永遠の安息」という言葉以外に表現を知らない。ところが勤労が不可避的であり、休息が勤労の正反対であるならば、「あなたは額に汗してパンをたべなければならない」（創世三・一九）という言葉は、まことに痛烈な呪詛《じゅそ》の言葉であり、地上は実際に涙の谷と化するであろう。なぜならいかなる時代にあっても、「人間にふさわしい」ような生活を営みうるのはいつもほんの少数であり、この人たちもまた——これが本当の呪詛であるが——自己の同胞を強制して労働させ、労働の奴隷状態につなぎとめておくことによってのみ、そうした生活ができるからである。古代の著述家たちの眼に映じたのも事実そうであった。すなわち、多数の人間が苛酷で絶望的な奴隷的労働に服することによってのみ、わずかに一人の者が、政治的に形成された国家の自由市民として生きる資力を得ることができたのである。そして十九世紀の世の中でも、ある大きな共和国の市民たちは、聖書を手にしたキリスト教の聖職者さえ先頭にたてて、「ある種の人種は他の人種のために働くように永遠にわたって代々運命づけられている」と主張しているくらいである。文化は富の地盤の上にのみ成長し、富は資本の蓄積によってのみ増大し、資本の蓄積は正当の報酬を得ない人々の労働の蓄積によってのみ、すなわち、不正によってのみ生ずる。これが現に議論の焦点となっている命題であるが、われわれはこうした命題が相対的な真理であるか絶対的な真理であるかを、いまここに検討しようとも思わないし、またその適当な場所でもあるまい。ただ次の点だけは主張しておいてもあやまりではないであろう。すなわち、万人が正しく勤労するならば、いわゆる社会問題はその解決を見るであろうということ、またそれ以外の道では、それは決して解決されることがないだろうということである。しかしたんなる強制をもってしては、それは決して達成されまい。よし物理的手段に訴えて万人相互を強制するようにしても、そこからなんら成果ある勤労は生まれまい。それゆえ問題は、人間の中に勤労へのよろこびをめざめさせることであり、かくてわれわれは「教育」の正しい地盤に戻ることになるのである。

こうしたよろこびは、これをよく熟考し、これを経験することによってのみ生まれるのであって、決して教えの力や、また遺憾ながら日毎に証明されているように、実例などでも喚起されるものでない。経験はしかし、これを身をもってためしてみようとする何びとに対しても、次のことを示すのである――

求められている休息は、何よりもまず、精神と肉体をまるっきり遊ばせている、あるいはそれに近いような状態においては来ることがないということである。むしろ逆に、休息は両者を適切に活動させる場合にのみ生ずる。人間の本性は、活動するようにできているのであり、これを勝手に変えようとすれば、本性は容赦なく復讐する。人間はいうまでもなく休息の楽園から追放された身である。しかし神は人間に働けと命じられたが、そのやむをえない働きに同時に慰めを付け加えられた。ほんとうの休息はそれゆえ、活動のさなかにのみ生ずる。精神的には、仕事が着々と発展したり、課題が為しとげられたのを眺めることによって生じ、肉体的には、毎日の睡眠、毎日の食事、また無上の休養のオアシスたる日曜日といったもので、自然的に与えられる中間的な休みの時に生ずる。こうした自然的な休憩にのみ中断をゆるすだけの、絶えざる有益な活動の状態こそ、地上における最も幸福な状態である。人間はこれよりほかの外面的な幸福を望むべきではない。いや、さらに一歩をすすめて、こう言い加えてもいい。この場合、仕事の性質などはたいした問題ではないのだと。たんなる遊びでないかぎり、あらゆるほんとうの仕事は、人間が真剣にそれに没頭しさえすれば、たちまち興味深くなってくるという性質を持っている。仕事の種類が幸福にするのではなくて、創造と成功の歓喜が幸福にするのである。およそありうるかぎりの最大の不幸は、仕事のない生活であり、生涯の終わりにその実りを見ることのない生活である。したがって世に労働の権利というものがあるのであり、またあらねばならないわけである。これはあらゆる人権の中でも最も根本的なものですらある。「失業者」は、実際この世における真に不幸な人たちである。この人たちの数は多いが、いわゆる上層階級にいたって、下層階級よりもさらに多い。下層階級ではやむをえずして仕事につかされるけれども、上層階級では誤った教育や先入見があり、またその一部では実際の勤労を許さないというような有無をいわさぬしきたりがあって、この大きな不幸を負うように、ほとんど世襲的に、絶望的に運命づけられているのである。われわれは現に毎年、かれらがその精神的寂寥《せきりょう》と倦怠をわがスイスの山々やその療養地に持ちこんできて、むなしく心機の回復を期待するのを目撃する。以前にはそれも夏だけでよかった。なんとか身体を使って少なくとも一時だけでもその病気たる懶惰《らんだ》から回復しようとした。いまでは冬もこれに加わった。かれらによってわが最も美しい溪谷はすでに病院と化した感があるが、この病院も近いうちに、この随所に休養を求めてどこにもそれを見出せないよるべなき群衆のために、年中開業ということになるであろう。――それというのもかれらが、休息を勤労の中に求めないからである。「あなたは六日のあいだ働かなければならない。」（出エジプト二三四・二二）それより少なくても、多くても不可である。この処方によって、現代のたいがいの神経病は、先祖代々仕事をしない血統が遺伝でもしないかぎりは、治癒するだろうし、大部分の療養所の医師や精神病医は、その患者を失うことであろう。人生は決してこれを「享楽」しようと思ってはならぬ。これが実を結ぶように形成しようと願わなければならない。これを悟らない者は、すでに精神的健康を失っているのである。その肉体的健康も、生来の体質に加えて正しい生き方をもってすれば可能であったはずのものを、保持しえないであろう。[1] われらのよわいは七十年にすぎない、あるいはすこやかであっても八十年であろう、よしその一生が労苦と勤労であっても、それにもかかわらず貴いものであった。詩篇の句はこうあるべきところである。本来の意味もまたあるいはそうだったのかもしれない。[2]

（1） 最も活動的な人間の一人であるリヴィングストーンはいっている、「神のために働くとき、額の汗は神経強壮剤だ」と。また現代の有名な作家はこれに付け加えていう、「精神的活動の不安な動揺の中でのみ、わが心は落ちつく」と。両方とも、その特殊な仕事に関していっているのだが、あきらかに自己の経験に即している。

（2） 〔訳者註〕 詩篇九〇・一〇。なお「幸福」の章の最後の註参照。

もちろん若干の制限を付け加えておく必要はある。何でも仕事と名がつけばいいというのではない。

一見仕事らしいだけのにせものがある。つまり見てくれの、あるいは見かけだおしの仕事である。いわゆる「御婦人方の手芸」のあるもの、以前は格別流行した名前だけの軍人の生活、いわば欠陥が多くて決してものにならないピアノの稽古のような「芸術」の勉強の大部分、狩猟その他いわゆる「スポーツ」のかなりな部分、自分の財産のたんなる「管理」と称するものは、この類《たぐ》いである。およそ頭脳のある活動的な人間なら、何かもうすこし満足のいく仕事をさがすところだろう。（1）

（1）シュワーベンの異色ある牧師フラッティヒは、その国の一将校について次のような実例をあげている。その将校は主人の公爵のもとで、厳格なだけで何の役にもたたぬ勤務に服し、憂鬱だったが、しかし悩みの原因を見透せなかった。牧師はかれをつぎのようにして納得させることができた。すなわち一人の少女を呼びいれ、彼女がおとなしく一日中椅子にかけて、銀の匙を手に持っていたら、一グルデンをあげようと約束した。少女は予想通り、半時間もするともう怒って匙を抛りだし、こんな無駄な仕事はしたくない、こんなことでほんとうに報酬がもらえるなんて信じられない、といった。これこそなぜ多くの人間が自分の「仕事」によろこびを感じないかという理由である。仕事がそういう仕事なのである。

機械による仕事、機械的な部分的な仕事の類いは人を満足させない。また職人や農業労働者の方が工場労働者よりもはるかに満足していて、後者によってはじめて社会不安は世に現れたのであるが、こうしたこともまた同じ理由によるのである。工場労働者は己れの仕事の成果について見ることがあまりにすくない。機械が仕事をするのであり、労働者はたんに機械に隷属した道具にすぎない。あるいは、いつも何か小さな歯車をこしらえるのに協力するだけで、決して全体としての時計、それこそ心楽します芸術品であり、人間的な真実の仕事の成果であるものを作らない。こうした機械的労働は、人間の尊厳という、どんなに卑賤な者にも備わっている自然的概念をきずつけ、満足の感を与えないのである。

その反対に、完全にその仕事に沈潜し、われを忘れることのできる者は、最も幸福な労働者である。ある対象をつかんでこれを表現しようとすれば、まったくその対象で全心全霊が充たされてしまう芸術家、自分の専門以外にはほとんど何ひとつ眼にはいらない学者、いやきわめて狭い活動領域に己れの小天地を築いているあらゆる種類の「変人」たちですら、そうである。

かれらはみな――客観的に見ればあるいはあたっていない場合さえあろうが――いかにも仕事をしているのだという感情、真の、有益な、この世に不可欠な仕事をしているのだ、遊びごとではない、という感情を持っている。かれらの中には、そのような不断の、骨の折れる、おそらく肉体的にはあまり健康的でない仕事にさえ従いながら、しかも最高の年齢に達するものが多い。ところが、あまり仕事をしない貴族的な道楽者や有閑女性――原則的になるべく働くまいとする、最も無駄な現代社会の人種を早速槍玉にあげていうが――は、その健康にしじゅう修繕の手を加えていなくてはならない。

今日の社会で第一に要求されることは、すべての人間の肉体的また精神的健康の保持のためには、したがってかれらの幸福のためには、意味のある仕事こそ例外なく必要だという、この洞察と経験が世にひろまることである。

またそれにもとづく必然的な帰結として、怠惰をわが職業としている者は、すぐれた「上の」階級などではなく、その正体どおりに、つまり正しい生き方を見失った、精神的に欠けたところがある、もしくは不健全な人間たちと見られなければならない。もしこうした考えが、およそ社会的通念の固定した表現である風習というものになってくれれば、そのときこそはじめて、世界により善き時代が到来するであろう。それまでは、一方の人たちは不相応な労働を課せられ、他方の人たちは不十分な仕事しかしなくて、それがお互いに前提となっているという病患のために世界は悩むのである。しかもこの両者のどちら側が真により不幸であるかは、きわめて疑問である。

　われわれはしかしさらに問いつづける。どうしてこうした原則が世に行なわれないのであろうか？　この原則は数千年来の人類の経験にもとづいており、また各人が身をもって働いたりなまけたりして毎日ためすことができるものであり、またすべての宗教と哲学が説教しているものなのである。いったい、たとえば現に数千の「貴婦人」が、聖書を大いに尊重し、実はそこにはそんなにはっきり書かれていない死刑をきわめて熱心に擁護するが、一方おどろくべき平然さで、聖書のこの方はきわめて明白である誡めに反して、全然働かないというわけでもないがせいぜい一日ぐらい働いて、あとの六日は貴婦人業たる怠惰のうちにすごすということがありうるのだろうか？　これは、主として勤労の適正ならざる分配と配置に基因するのであって、これによってもちろん勤労は真の重荷となってしまうのである。ここまで述べてわれわれはこの小論の題目にもどってくる。

　この意味でのみ、若干の教えを説くことが可能である。それも、なんらかの仕事が必要なものだという原則をすでに確認し、仕事をしたいのだが、奇妙なことにそのたびにいつも何か妨害するものがあるという人に対しての教えである。

二

仕事にも実際、すべての技術の場合と同様に、そのこつがある。そのこつを知れば、仕事はずっと易しくなるのであって、仕事への意欲も容易ではないが、仕事にかかることができるというのも決して容易ではなく、多くの人がこれに気がつかない。

（一）　障碍《しょうがい》を克服するためにはまず、障碍が何であるかを知る必要がある。仕事にかかれないようにする障碍は、主として怠惰である。人間は誰でも天性怠惰である。通常の、感覚的に受身の存在状態から脱却するには、つねに努力が要るのである。善事に対して怠惰であるのは、そもそもわれわれ本来の根本的悪徳である。したがって生まれつき勤勉な人間というものはなく、ただ天性と気質によって多少活発な人間がいるだけである。最も活発な人間にしたところで、その天性からして仕事が楽しみだなどということはない。感覚的怠惰にまさる強力な動機によって勤勉になっているにすぎない。勤勉の動機たるやつねに二種類ある。低い動機か高級な動機である。低い方は、はげしい欲望、とくに名誉心と貪欲、ないし生活維持の必要などであり、高級な方は、仕事そのものに対してにせよ、仕事の目標である誰か他の人間に対するものにせよ、義務感と愛情である。高級な方の動機は、それがはるかに持続性に富み、事の成否を問わないという特徴があり、したがって失敗のための嫌悪感によっても、目的の十二分の達威によっても、強さが変わることはない。そのため、名誉心の強い人間や貪欲家はいかにもしばしば非常に勤勉ぶりを発揮するが、しかし不断に変わらぬ調子でこつこつ進んでゆく勤労者であることはまれである。かれらはまた仕事の外観で満足し、もっぱら同じ好都合な結果さえ見られればよく、それも自分自身にとってのことで、同胞のことは問題でない。商工業の、またた遺憾ながら学問や芸術の仕事の一部は、こうした明白な特徴を帯びている。それゆえ、いまたとえば社会に出ていく青年に最初の忠告を与えようとすれば、それはこうなるであろう。あなたはある事柄なり、もしくはある人々なりに対する義務感や愛情から働きなさい。あなたはなんらか人類の偉大な事柄に加わりなさい。たとえば民族の政治的解放、キリスト教の普及、顧られない下層階級の向上、飲酒の習慣の廃絶、さらにはまた国際間の恒久平和の確立、あるいは社会改革、選挙法の改善、刑罰および刑務所の改善等々――今日ではそうした立派な目的が実にたくさんある――そうすればあなたは最も手っとりばやく、たえず外部からあなたに作用する刺戟と、それに、初めのうちは非常に大事である仕事仲間をも得られるであろう。今は文明国民の中にあって、なんらかそのような進歩の陣営における積極的な同志でない青年（男性であれ女性であれ）がただの一人でもあってはならない。青年を高め、強くし、これに持続力をあたえるものは、もっぱらかれが早いうちから自己自身を超えること、独善的な生き方をしないということにかかっているのである。エゴイズムはつねに弱点であり、その生みだすものもまた弱点のみである。

（一一）　つぎに怠惰に負けずに、人を仕事に向かわせるきわめて効果的な手段として、偉大な習慣の力がある。普通はたんにわれわれの肉体的性質に奉仕しているこの強大な力を、高級な精神的方面に同様に使ってはならないであろうか？　事実われわれは怠惰、享楽欲、浪費、過度、吝嗇などに慣れると同様に、勤労、節度、倹約、正直、気前よさにも慣れることができる。この際言い落としたくないことは、いかなる人間的美徳もそれが習慣となっていないうちは、まだ確実な所有ではない、ということである。それゆえ、われわれが徐々に勤労の習慣を養うならば、怠惰の抵抗はだんだんと弱まり、ついには勤勉な生活がわれわれの欲求とさえなるにいたる。こうなれば、われわれは人生における通常の困難の大部分から脱却したことになる。

さてここにとくに二、三のちょっとしたこつ――それによって習慣的な勤勉が容易になるようなこつがある。それは次のようなものである。

第一は、――着手しうるということである。仕事に向かって腰を据え、己れの精神をその事柄に向けるという決心、これが結局最も困難なものである。ひとたびペンなり鍬なりを手にして、最初の一字を書くなりあるいは一打ちをするなりしてしまえば、事柄はすでにぐっとやさしくなっているのである。ところが人々によっては、始めるのにいつも何かが足りなくて、準備ばかりして（その背後にはかれらの怠惰が隠れている）なかなか手をつけない、やがてついには必要に迫られるにいたると、今度は時間が足りなくなったための切迫感から、精神的だけでなく肉体的な発熱まで伴って、仕事を台なしにするということがある。

また他の人々は、特別なインスピレーションを期待しているが、そうしたものはむしろまさにその仕事をやり、仕事の間に起こってくる方が多いのである。仕事をしている間に、その仕事がわれわれの以前に考えていたのとはいつも違ったものになってくるということ、また休息時では、決して仕事をしているその時のように充実した着想、またしばしばまったく思いがけないような変わった着想が、油然と湧いてくるといったようなことはない。これは一個の（少なくとも筆者の）経験的事実である。それゆえ、絶対にのばさないこと、また容易に何か身体の不調とか、あるいは精神的な気の向かなさを口実にしないということが大事で、毎日一定の、適当な時間を仕事にささげることが必要である。どうしてもしばらくの時間、何かの仕事をしなければならぬのであって、まったくなまけているわけにはいかないのだと、われわれの内部の狡猾な人間、（使徒パウロの言葉を借りていえば）「古い人」、が悟れば、その「古い人」も、それなら今日の最も必要な事をやってやろうと、とにかく決心をつけるものである。

（三）　精神的創造の仕事をする際、仕事の分類、あるいはそれ以上に仕事の序文をつくるために、時間と感興を失う人たちが、非常に多い。わざとらしい、深遠な、あるいは総じてもってまわった序文の類はぜんぜん目的にそわず、後に述べるべきものを不適切にも先取りするのが常であるが、それはともかく、序文や表題はいちばん最後につくれというのが、決して間違いのない忠告である。そうすれば、それらは通常きわめて自然に出てくるものである。一切の序文的なものをとばして、実際に自分がよく心得ている本論からはじめれば、滑り出しはずっと楽になる。同じ理由からして、本を読む場合も、序文や多くの場合最初の章さえもまずとばした方が、ずっと楽である。少なくともこの小論の筆者は、決して序文を最初に読んだことがなく、全部読了の後にこれに一瞥を投ずると、ほとんど例外なく、なんら損をしていないのである。もちろんまた、序文がいちばんいいという本もある。しかしそうしたものはたいして読む価値がない。

さらに一歩を進めて、こういってもさしつかえないであろう。一般に（序文も本論もなく）、君にとって最もやさしいところから始めるがいい。ともかく始めることだ、と。必ずしも系統的にやらないために仕事の順序の上で回り道になっても、結局時間を得することで、償われて余りがある[1]。

（1）ある非常に有名な学者（ベンゲル）は、自分のすべての知識は、いつも勉強のときに最も容易なところから始めるという習慣の賜物だ、と率直にいっている。

以上に関連してなお最後に二つの点がある。一つは、「あすのことを思いわずらうな、一日の苦労は、その日一日だけで十分である」（マタイ七・三四）ということである。人間は想像力という危険なものを恵まれているが、これはかれの実力以上、はるかに広い活動領域を持っている。想像力は人間が意図する仕事の全部を、なすべきはずのものとしていちどきに眼の前に展開する。ところがかれの実力の方はそれを順序を追ってだんだんと克服できるだけのもので、この目的をめざしてたえず元気を新たにしていかなければならない。それゆえ、習慣的にいつもただこの今日のために働くがいい。明日はおのずから来たり、それとともに新しい明日の力もまた来たる。

もう一つは、こうである。仕事の場合、とりわけ精神的な仕事の場合には、もちろんしっかりやらなければならないが、さりとて何一つあますところなく言いつくし、あるいは読みつくすというところまで委曲を尽くし、遺漏なきを願ってはならない。これは今日では、何びとの力にももはや及ばない。せいぜい、比較的小さな分野を完全にやり、もっと大きなものならその本質的な主要点を物にすることが大事である。あまりに多くを欲するものは、たいがいあまりにすこししか為しとげられないものである。

(四) よい仕事をするためには、元気も感興もないのに仕事をつづけないことが必要である。いかにも着手のときは、気分が出なくてもやらなければならないが――さもないと、だいたいまったく仕事を始めないことになる――、仕事の結果、ある程度の疲労が生じたら、ただちに中止すべきである。さりとて、その際仕事することそれ自体をやめてしまう必要はまったくなく、通常の場合たんにその特定の仕事をやめればいい。なぜなら、仕事を取換えることは、必要な休息とほとんど同じくらい元気を回復させる。われわれの天性がこうした仕組をもたなかったら、われわれはあまり働けまい。

(五) これに反して、多くの仕事をするためには、われわれは力を節約しなければならない。これは実際的には、とりわけ無益な活動に時間を費さぬことによってできるのである。そうしたことで、どれほど多くの仕事への気分と精力が失われるかは、言葉でいいあらわせないほどだ。まず第一に挙げていいのは、新聞を読みすぎること、第二にはむやみに多いいろんな会の活動、政治的活動、とくに後者の「喫茶店政治論」という名であまねく知られている類いである。無数の人間が、最善の仕事の時間である朝の時間を新聞読みで始め、また同様規則的に、何かの会や団体の宴席か、時としては賭博の卓子で、その一日を終えるのである。毎朝かれらが一つの新聞を隅から隅まで、あるいは何種類かにわたって読むとして、翌日そのどれほどを精神的収穫に加えているか、これはだいたい不明としても、確実なことは、かれらが新聞を読んだあと、たいがい仕事に嫌気がさしてきて、たまたま手許にそのほかの新聞があれば、ついそれに手が出るということである。

多くの仕事をしようとする者は、あらゆる無益な精神的の、おそらくはまた肉体的の雑事を注意深く避けなければならぬ。そして精力を、自分の為すべきことのために蓄積しておかなければならない。

（十六）　最後に精神的な仕事（これをわれわれは相変わらず第一に念頭に置いているわけだが）に対して、いわば取っときの容易化の手段がある。それは反復、別な言い方をすれば、何遍も手を加えて仕上げることである。ほとんどすべての精神的な仕事は、最初はたんに一般的な輪郭がつかまれるだけである。第二の攻めで、そのこまかい線が見えてきて、これに対する理解がひらけ、呑込めるようになってくる。それだから、真の勤勉ともいうべきものは、現代のあるすぐれた著述家の言葉を借りれば、「休息も知らない単なる持続的な努力などではなく、むしろ創りだされるべきものへの沈潜、脳裡に彷彿たるものを目に見えるかたちにあらわそうとする熱望を伴って沈潜することである。人々が普通勤勉と呼ぶもの、かなり大きな材料を征服し、一定の期間にまざまざと進歩のあとを見せようとする心労は、たんに自明の前提たるにすぎないのであって、あの働きつづけてとどまるところを知らぬ、高次の精神的勤勉に及ばざること遠いのである。」

この内容をこれよりよく表現することはできない。そして実際、仕事をかく把握することによって、われわれが当初に抱いた最後の危惧も除かれるのであり、ここに仕事の連続性（必要な休息にもかかわらず、またその最中にも、存在すべきもの）が生みだされ、これこそ真の仕事についてのわれわれの絶対の理想をなすものにほかならないのである。

精神は、それがひとたびこの沈潜という真の勤勉努力を知るならば、停止することなく働きつづける。そして事実、そのような（あまり長すぎない）休息のあとでは、仕事が無意識裡に進んでいるのが、しばしば見られることは不思議なくらいである。一切がまるでひとりでのようにずっと明瞭になっている。困難な多くの点が突然解けたようである。最初にわれわれが持っていた諸着想は拡大され、立体的なすがたを取り、表現力をかち得ている。そして新しくはじめる仕事は、今度はまるで、われわれが休息中何にも手を加えなかった間に成熟してしまったものを、少しも骨折らずに集めさえすればいいように見えることが多い。

これは仕事の報酬というものである。もちろんこれと並んで人が普通挙げる報酬、すなわち働くもののみが、快楽と休養の何たるかを知る、というのも正しい。前もって働いていない休息は、食欲のない食事と同じような快楽でしかない。最善の、最も快適な、最も報酬の多い、しかもその上最も安価でもある時間消費法は、つねに仕事である。

校長先生、(1) しかし貴君が最後に、こうした議論を私がとくに学校の刊行誌に寄せた目的を、もしお訊ねになるならば、私はつぎのように答えたい。教育のこつは、主として、一方では学生がその仕事すなわち勉学に対して意欲と才能を持つようにし、他方ではかれの決意を、適切な時機に、なんらかの偉大な事柄への奉仕に向けるようにみちびくことにある、と。

（1）この論文はグラウビュンデン州の師範学校の校長の依頼によって『グラウビュンデン師範校誌』に寄稿されたものである。

また今日の世界の状勢を見ると、ちょうど十九世紀初頭に社会革命が勤勉な市民を怠惰な貴族僧侶の上に押しあげたように、ふたたび社会革命が起こって現代の働く人々を支配階級にするだろうという期待は誤っていないように思われるのである。

かつての市民もそれ以来、その先行者と同様、たんに利子で、というのはつまり他人の勤労で、生活する気の怠惰者となってしまえば、同じ滅亡の道をたどるであろう。

未来は勤労に属する。いつの時代でも、支配は勤労の手に帰するのである。

エピクテトス

校長先生(1)！

このたび貴君のお求めに応ずるため、古代の一ストア哲学者に関する論稿を寄せる次第であるが、かれの教訓は私には日ごろ特別の教育的価値ありと思われているのであって、これによってグラウビュンデン師範校誌の一般的傾向に背馳することはないと信じたい。まことに貴君自身、ツィラー(2)の先《せん》蹤《しょう》をついで、人間教育の授業に重きを置かれているのであるが、それはまたかの哲学者にあってもその眼目(3)となっている点であり、私自身としても現在の教育制度一般に関し、何よりもまず教師ならびに生徒における個性の形成に一層力を注がなければならぬ、という見解を取って憚からぬものである。

(1) クールの師範学校の校長に宛てたもので、その『グラウビュンデン師範校誌』にこの一文は最初掲載された。
(2) 〔訳者註〕 Tuiskon Ziller (1817—1882) ドイツの教育学者。
(3) 不純で不誠実な人間の学問は、不潔な樽の中のブドウ酒と同様使いものにならぬ、というのがエピクテトスのよく口にする言葉であった。

すべての職業にはそれぞれの方法があり、またあらねばならぬということは、私も首肯するところであるが、およそ教師の職業は、最下級から最上級にいたるまで、すべて生き生きとして、個性ゆたかな人格が最も大事であって、これが他の、なお未熟の人間たちに影響し、かれらを同様にそのような人格にまで教育すべきものなのである。

自主独立の人格が大いに欠けていること、これがますます現代の特徴となっている。自意識の発達した、学校教育を受けた、またそれだけにおそらく生活能力もしくは少なくとも職業能力をそなえている者は、わが国の過去の歴史にくらべてずっとふえている。しかし個人の独創性、それからまただんだんと社会全体における独創性が欠けてきている。この独創性こそわれわれをして、他の諸民族に対して異色あらしめるものであり、また私の見解によれば、国民的存続の主要条件をなしているものなのである。たとえば、十九世紀の初めにグラウビュンデン州の『叢書』(1)に書かれた政治的ならびに国民経済的諸論文、あるいはこの過渡時代が生みだした政治的パンフレットの類を、今日の定期刊行物とくらべてみるがいい。そうすれば前述の著作の方が、それはもちろん当時のごく少数の俊秀の手によってのみ可能であったのではあるが、形式と内容にわたってすぐれていることを認めざるをえないであろう。グラウビュンデン州の民は、一八〇〇年当時では、きわめてわずかしか学校教育を受けることなく、むしろ実人生によって鍛えられながら、しかもともかく今日の人たちよりも、ずっと独創的で、多くの点で一層思慮のある民であった。

(1) たとえば『平和の天使』『一八一四年における二人の農夫の対話』のごときである。どちらも一八八七年の『政治年鑑』に復刻されている。

こうした例は決していわば散在しているのではない。スイス文書館に行けば、大判の書冊で、報告や提案等々の集められたもの全部を、最初のページから最後のページまで興味をもってお読みになることができる。そこには随所にひらめく精神と見解によって生気ある感興をそそらないものは一篇もない。はたして今から百年の後、現在の州報がまたこのような印象を与えるかどうかは、これを別の問題としよう。これはあざやかな個性の魅力であって、いつの時代でも世人が、否応なく、承認せざるをえないものである。

できるだけ多くの真の人格者を教育すること、これこそわが教師たる職分の真髄をなすものと、私は信じる。

これはしかし、いかにして為されるのであろうか？　学校教育だけではもちろん足りない。もし然りとすれば、われわれは現在の社会に、昔にまさる多数の人格者を持っているはずであるが、教育のすすんだ大国においてかえって比較的少数しかそうした人がいないのである。その他の者はおしなべて「党派」と「集団」にすぎず、そこでは数だけが物をいっているのである。

私としては、学校の立場から見ておそらく逆説的と映ずるような意見を持っている。すなわち人格は自己教育と実際の模範によって生まれるのであり、獲得すべきものであって、伝承されるべきものではないということ（その際もちろん学校はある種類の刺激、さらには指導をも与えなければならない）。さらにまたこの自己教育を達成させる「方法」は二つしかなく、それはストア主義とキリスト教だけであるということ、これである。

この後者の道（キリスト教）は、さしあたり神学者の管轄であって、われわれはここでは詳しく述べまい。もっとも私の個人的見解では、ゴルドン・パシャのような俗人の方が、イギリスの僧侶全体よりも、時代に対して、この道を説いていると思う。かれの小著『パレスチナの随想』には、きわめて晦渋な形式にもかかわらず、カルヴァンの著作にもまさる信頼すべきキリスト教の理解が含まれている。しかし人間形成に通ずるこのきわめて狭い一方の道は、決して「万人の道」ではなく、むしろわれわれは、今あげた大宗教改革者（カルヴァン）とともに、この道を歩むには一種の神の予定が必要である、少なくとも素朴単純、子供のように殊勝な特別な天性が必要であると信じたいくらいであるが、あいにくこうした天性は、わが複雑な同時代人には最も欠けており、またますます欠けつつある。

これに反してストア主義は、現在の時代に類似した時代の所産であって、現世において、また万人にとって幸福はいかなる源泉から発し、またその可能性如何ということについての、やむにやまれぬ考察から生じたものである。それは現代でも同じ問題が多くの人々の心をゆり動かしているのと同様である[1]。ストア主義者はそれ自身なんら超自然的なものを持っていない。それはなんらの信仰を要求することなく、いつもただ普通の常識に訴える。それは今日の人間に類似した当時の人間の欲求、すなわち上流社会のたんなる美的享楽や、下層社会の明け暮れ嘆きのたねである「胃袋の問題」、そうしたものを超えて何ものかを求めたいという欲求から生じたものである。

（1）　現代でも当時古代末期と変わりなく、完全な動物的生存に陥っていないかぎり、人々はだいたい次のような考えを持っている。すなわちこの世にはある道徳律が存在し、それによってはじめて各個人の真の価値も、人間共同の生活の可能性も成りたつのであり、諸国民の時代時代の文化もこれで価値測定されるのだ、ということ。しかしこの道徳の掟がどのようなものであり、またそれはどこからその権威を取得したのか、というようなことになると意見はすでにきわめてまちまちである。なお悪いことには、現在の道徳の掟の一部は、理論的には疑いのない尊敬を博しているが、実際的には絶対的な拘束力あるものとは見做されていない。それがどれほどのものかは、周知の二つの道徳律、十戒と山上の垂訓を、社会の現状と比較してみるとよくわかる。第一戒と第十戒には、普通の人ならほとんど習慣的に違犯している。現代人がいったいどのような神につかえているかをいうのは困難だというか、あるいはむしろ容易ともいえるであろう。一週六日働くということなどは、きわめて敬虔な紳士淑女でもこれをただある種の下層階級にのみ適わしいことだと、だいたい考えている。山上の垂訓の八つの福音に対しても、ほんとうに確信的理解をもっているキリスト者はごくまれである。また垂訓中の他の個所で積極的に命ぜられているものを、国法はさすがに禁じないまでも、一般世論はきわめて平然とこれを禁じている（たとえばマタイ五・三二、三九、四二、四四、六・一九、三四参照）。まして使徒パウロのローマ人への手紙第一二章一六―二一節における処世訓を、われわれは挙げる気もしない。何びとが「高ぶった思いをいだかず、かえって低い者たちと交わる」であろうか？　しかもこれこそ人間幸福の一つの根本条件なのである。

　普及した文明と安定した法治状態にもとづくある種の平均的道徳が、内面的倫理に取って代わった。これはローマ帝国の最初の数世紀の状態でもあった。そして当時と同様今日でも、多数の教養人が、まさにその点で普遍的文化が、一面的な、あるいは偏狭な世界観を凌駕したと見ている。ただ遺憾なことは、この人間関係の基盤の拡大が、結局において十分確実なものでなくて、そうした文化時代から期待されるような普遍的幸福を、個人にも社会全体にも呼び起こしていないことである。むしろ反対に、たいがいの人々が傲慢と恐怖との間にたえず動揺している。そのような状況のもとで、いまや真摯な人々は、埋もれた真の幸福の源泉をふたたび発見しようと努め、そこからストア的傾向の哲学と宗教復興というものが生じて来ているのである。

ストア哲学は、この二つの人生観・世界観に対立する。それは、何人かの人物によって少なくともこういうことを証明してみせた。すなわちこの哲学は、およそ考えられうるかぎりの人生境遇にあって、その運命の変転から超然たりうるような、すぐれた確固たる人格を養成することが、ほんとうにできるということを証明したのである。

こうした注目すべき人物中、最も興味があるのは、皇帝マルクス・アウレリウスと奴隷エピクテトスである。かれらは、この哲学の力をこれほどかけはなれた人生境遇において示しているというためだけではなく、われわれがかれらによってのみ、その見解を述べた著作、しかもほんとうに味読にたえるものを所有するからである。皇帝の著したものは、現在『自省録』と呼ばれているもの、もっぱら自戒のために書かれた断片の集録であり、かれの死後その着衣の襞の間から発見されたものである。これは世に知られており、容易に手にはいる。しかしこの書は毎日毎日が多忙な支配者にもたらしたたんに偶然な思想を集めたもので、体系的な秩序も、教訓的な目的も欠けている。これに反して奴隷エピクテトスの語録は、それほど世にひろまっていない。はたしてその新しいドイツ訳[1]があるかどうか、私も知らない。私が所有しているのは、わずかにユンカーの不完全な翻訳（一八二六年）、それからシュルトヘスによるシンプリキオスの古い註釈の翻訳（一七七八年）、そしてシュルツによるアリアノスとの対話の翻訳（一八〇一年）[2]である。次に掲げる拙訳は、今に伝わっているかれの著作の主要な部分を、平易なドイツ語で、貴君の読者に提供しようとするものである。

（1） そのような新訳をこの稿を書きあげたのちに私は知った。それは一八八四年H・シュティッヒによるものであり、

『提要』の翻訳のほかに、なお若干のエピクテトスの箴言といわれるものをおさめている。これは他の古代の著述家、とくにストベウスによって記述されているものである。この箴言のあるものは独特の味がある。たとえば「ブドウには三つの蔓がある。第一は快楽の房を、第二は酩酊の房を、第三は犯罪の房をつける」。あるいは「地上で最も瑣末なものは、貪欲、快楽欲、大言壮語であり、最も偉大なものは寛大、柔和、慈悲である」。

またとくに次のものはまことに真実である。「金銭、快楽また名誉を愛するものは、人間を愛さない。」

（2）十八世紀にはなおシュルトヘス（一七七六、一七七八）、リンク（一七八三）、ティーレ（一七九〇）の独訳がある。仏訳はダシエ、ボアロー、ベルガルド、ギュイヨーによるものがある。ユンカーの訳書は書店では容易に入手できない。かなり数多いギリシア語ラテン語版の中では、ハイネ（一七五六、一七七六、一七八一）の版が、少なくともドイツでは最も世に知られているようである。

この哲学者の生活状態についてわれわれの知るところは、数語で尽きるようなものである。近代の物故した作家の場合のように、たえず新しく出る伝記、書簡集、日記などの何冊も読まなければ、われわれがかれらについてどうしても知りたいと思うもの、すなわちその内的生活の神秘な核心と、その重要な発展にいたるかれらが辿った道、を知ることができないが、ここではそうした必要がない。

エピクテトスの哲理もこれと同様な簡潔なかたちでわれわれに伝わっており、そのためその実践的な効果を大いに高めている。人は哲学の道でも、宗教の道でも、たくさんの指針を必要としない。むしろ、自分が所有しているものを、ほんとうに信じ、決然として適用することが本質的に大事である。もしわれわれが真に立派な人物の内面生活の歴史をふかく知るならば、これらの人々をして余人から傑出させ、人類の役にたたせたものは、真の哲学あるいは宗教のきわめて少しの、しかし確固たる原理と、それからまたかれらが一部は遺伝により、一部は自己の反省と自己の決意によって得た良き習慣のなせる業であることを悟るであろう。ところがこれに反して、人々が哲学とか宗教とか呼んでいるもの全体は、たいがいの人々にとって、装飾的であり、せいぜいのところ、かれらの実践的生活になんら直接の影響のない知識にすぎない。もしそうでなければ、最も博識な哲学者や神学者はいつでも最善の人間であるはずである。

　上述のような性格の人で、エピクテトスはあったようである。[1] われわれがかれについて確実に知っていることは、かれがユリウス家末期の皇帝の治世下、紀元一世紀に、フリギアのヒエラポリスで卑賤な身分に生まれたこと、そして若いときから、以前皇帝ネロの奴隷（一説では護衛兵）であった乱暴者のエパフロディトスなるものの奴隷となり、しばしば肉体的に虐待されたが、後には解放されたということである。そのような虐待をうけた結果、かれは生涯片脚がきかなかった。かれは自由の身となったのちも、まったく貧窮の中に暮らし、その物的財産とては一つの腰掛、一つの褥《しとね》、一つのランプ[2]に尽きたということである。そこで晩年にいたってはじめて結婚したが、それも主としてある友人の遺児を世話し教育するのに都合がよかったからであった。皇帝ドミティアヌスが哲学者たちを憎悪したのは理由があったが、その治世下に、エピクテトスはローマ、そしてイタリア全土から追放され、以後はずっとギリシアのエピルス地方のニコポリス[3]にとどまり（おそらくドミティアヌス帝の死後はじめて）帰国をゆるされるまで、ここに滞在した。二、三の信じがたい説によれば、かれはなお皇帝ハドリアヌスと親交があったともいわれ、さらにはマルクス・アウレリウスの時代までも生き、百十歳で死んだと伝えられる(4)。かれが死んだときの様子は不明である。しかしアリアノスの筆になる今は残っていない伝記の標題から推察すれば、その辺に何か特記すべきものがあったようである。

（1） かれの弟子ニコメディアのアリアノス（ハドリアヌス帝の治世下カパドキアの知事となる）によるエピクテトスの「生涯と死」の詳細な叙述は、もはや残存しない。このアリアノスはまたここに訳したいわゆるエピクテトスの『提要』の著者すなわち記録者である。かれはまたはるかに興味の薄いエピクテトスとその弟子の『談話』を集めたが、そのうち四巻（原本は八巻）は亡佚《ほういつ》した。さきに名前が出た『提要』の註釈者キリキアのシンプリキオスは六世紀ユスティヌス帝およびユスティニアヌス帝の時代に生き、アテナイのアカデミアの教授であった。

（2） このランプは、ルキアノスの語るところによれば、エピクテトスの死後、高い値段（三千ドラクマ）で、ある金持ちの手に落ちた。金持ちはおそらく哲人の生前には、その飢餓を助けることとさえ考えなかったであろう。今日でもよくあることである。

（3） これはアウグストゥス帝によって、アクティウムの決定的勝利を記念して建てられた町である。

（4） 皇帝マルクス・アウレリウスがみずからその『自省録』第一章の七節で述べているところは、むしろその反証であるようだ。曰く「ルスティクスに負うところは、私が道徳的な意味でわが身に気を配り、自己の高尚化に努力しようと思い到ったことである。また詭弁術家《ソフィスト》の名誉心に陥らなかったこと、抽象的な事柄について論文を書かず、お説教じみたことをいわなかったこと、また道にきびしく精進する青年として己れを誇示しなかったこと、修辞学や詩歌や美辞麗句の研究から遠ざかったこと、家では礼服を着て歩き回るとかその類のことをしなかったこと、また私の書く手紙は、ルスティクスがシヌエッサからわが母にあてて書いた手紙のように、簡単で率直を旨としたこと、などである。

　私に侮辱を加えたり、そのほか無礼なことをする者があっても、もしかれらみずから即座に訪ねてくる気になるなら、自分は容易にこれと和解するというのも、かれルスティクスに学んだのである。またかれは私に、注意深く物を読み、皮相な知識で満足してはならぬ、浅薄な批評家のいうことに簡単に同意してはならぬ、と教えた。最後に、私にエピクテトスの著作をみずからすすんで教えてくれたのもかれであった。」

後世のキリスト教の著述家は、そのなかには聖アウグスティヌスもはいるが、エピクテトスをセネカやマルクス・アウレリウスとともに半キリスト者に数えいれた。かれの主人エパフロディトスは、パウロのコロサイ人への手紙とピリピ人への手紙に述べられている人物と同一だという臆説さえ作られた。[(1)] しかしそうした確証の無いことなどはいま問題外として、次に訳出した語録に一瞥を投じさえすれば、ストア哲学の独自の精神はすでにあきらかなのであって、それはなるほどその気高い言葉の若干のものではキリスト教の精神に近似しているけれども、キリスト教の持つ幼児のようなよろこびに充ちた精神とはきわめて懸隔があるのである。それも結局まったく別個の世界観から発しているがためである。なかでもきわめて異色な点は、随所に認められるあきらかな女性蔑視であって、これは純粋にギリシア的なものであり、キリスト教精神によってすこしも触れられていないものである。そのような若干の点をのぞき、総体的にこれを見れば、エピクテトスの『提要』は、倫理的内容において最高級のものであり、キリスト教の倫理学に最も近い古代の著作であることは、論を俟《ま》たない。

(1) コロサイ一・七、四・一二(エパフラス)。ピリピ二・二五(エパフロデト)参照。

それゆえこの書は、現在の状態よりももっと世に知られる価値があり、とくに学校ではもっと読まれていい。まさしくストア主義は高遠な志を抱いて伸びつつある青年の魂と性格に、大きな魅力と促進をあたえるからであり、キリスト教の方は、一応教育を終わった者の人生経験と、ことに謙虚の念を前提とするところがあり、これは勉学中の青年たちではまだ持ちえないものである。

エピクテトスは自分の筆になる書物は一冊も残さなかった。後世に伝わっているのは、その弟子たちの記録のみである。その中の一つ、『講話集』十二巻は、今はまったく伝わらない。他の一つ『談話集《ディアトリバイ》』は、前述のように、たんに部分的に残っているだけである。完全に残っているのは唯一つ、ここに訳出する『提要《エンケイリディオン》』であり、ストア的処世の道を学ぶ者のために説いた講話の、一種の「綱要」あるいは抄録である。最も古いシンプリキオンの註釈によれば、それはアリアノスの書きしるしたもので、その際アリアノスは「すべての哲学講話の中から最も重要で必要なもの、また最も強い感銘を与えるものを、選んだ」のであった。

この小著作は、いまは失われてしまった献辞から察して、アントニウス・ピウス帝の治世下の執政官であったマリウス・ヴァレリウス・メッサリウスに献げられたものである(1)。

(1) 印刷された最初の版は、一五二八年ヴェニス刊行のものである。

さてそれでは、親しく原典を味わい、かたわら個々の文章にわれわれの感想を付加することにしよう。

一

ある物事にはわれわれの力が及び、他の物事にはわれわれの力は及ばない。われわれの力が及ぶものは、判断、努力、欲望、嫌悪など、一語でいえば、われわれの意志の所産である一切である。(1) われわれの力が及ばないものは、われわれの身体、財産、名誉、官職など、われわれの作為でないところの一切である。われわれの力が及ぶものは、本性上自由なものであり、これを禁ずることも、妨害することもできない。ところがわれわれの力が及ばないものは、こちらからは無力で、隷属的なもの、邪魔されやすく、他人次第のものである。

(1) われわれ自身がその際われわれの意志を活動させうる一切、ということ。

それゆえ想うがいい。もし君が本来隷属的なものを自由とし、他者のものを自己自身のものと見なすなら、君は妨害を経験し、悲哀と不安に陥り、ついに神々と人間を呪咀するようになるだろうということを。これに反して、ほんとうに君の持ちものであるものだけを自己の財産と思い、他者のものを他者のものと見るならば、誰ひとり君を強制したり妨害したりすることはあるまい。君は何びとをも怨まず、罵らず、また何ひとつ嫌々ながらにやるということがないだろう。何びとも君を傷つけることはできない。君は敵を持たぬだろうし、(1) 君の不利となるような何事も起こらないだろう。

(1) われわれの敵といえるのは、われわれに害を加える者のみである。普通の意味でいう敵は、われわれにとってきわめて有益であり、不可欠ですらある。この洞察と経験は、敵を愛せよという、普通なら困難な戒めを最も容易にするものだ。プルタルコスはその『道徳の進歩の徴候』の中で、ディオゲネスのつぎの言葉をあげている。「救いを必要とする者は、誠実な友人か、さもなくば一徹な敵を探さなければならぬ。」かれの道徳的著作の中には、また「敵を利用する法」に関する論文さえある。これに反して弔辞の中でよく用いられる表現「彼には敵がなかった」というのは、有為な人間には一向名誉でない。

ところで君がこうした高遠な境地を求めるなら、いいかげんな熱心さではだめで、すすんで多くのものをすっかり放擲《ほうてき》し、その他のものもしばらく後回しにしなければならぬ。君があの境地を得ようとして、(1)しかも同時に高い官職についたり裕福になろうとしたりすれば君はおそらく後者にも容易に到りえないだろう。それは君が前者への望みも捨てきれていないからである。(2)そしてまったく確実なことは、そこからのみ幸福と自由が生ずる大事なものを、君は完全に失ってしまうだろうということである。(3)

(1) ここでストアの哲人は、およそ真の生活に到着するための主眼点を語っている。すなわちそうしたものを摑むためには、最初にある程度の熱中的な傾倒、他の言葉でいえば信仰が必要であること、人は二人の主人に同時につかえることはできないということ(これはかなりましな人でもやりがちである)。

(2) 有名なカトリックの聖女ジェノアのカタリナ・フィエスキ・アドルノはこの点に関してこういっている。「もし人間が最初から、神が善人に何を与え給うかを知ることができたら、かれはこうした有難い教えにひたすら耳を傾けることでしょう。しかし神は、人間が利己心から善に導かれることを願わず、信仰によって恩寵の賜物に達することを願うのです」と。それゆえ人間は、その生涯でおそかれ早かれ、目に見える現実の財宝を断念して、かくすればより良き、しかし現在ではまだあまりよく理解できない、財宝に到達するだろうというひたすらの信頼に生きなければならぬ。これはストア哲学とキリスト教に共通の、回避することのできない狭い道であって、大多数の人間には完全な愚劣と映ずるものである。
（3）すなわち不動の平静心であって、ストア派の最高の幸福である。

それゆえ君は、あらゆる不快な思想に向かって、こういってやるがいい。「おまえは、おまえがそう見えるもの（すなわち現実）ではなくて、たんに考えられたもの（想像）なのだ」と。こうして、君が採った原則、ことに、それがはたしてわれわれの力の及ぶものかどうかという第一の原則に従って吟味するがいい。それがわれわれの力の及ばないものに属しているなら、つぎの言葉を用意しておくことだ。「それは私にかかわりのあるものではない。」

二

欲望は、己れの欲しいと思うものの獲得を期待させ、嫌悪は、己れが嫌だと思うものの中に陥るまいとする。そして欲望によって欺かれた人は不幸であるが、自分が嫌でならないものの中に落ちこんだ人はなお一層不幸である。

さて君が、君の力の及ぶものの範囲で嫌なものを嫌がるだけであれば、君が嫌がらなければならぬような何事も、君を見舞うことはないだろう。ところが君が病気、もしくは死、もしくは貧困を嫌がるなら、君は不幸になるだろう。それゆえ、君の力の及ばない一切の事に対しては、嫌悪を抱いてはならぬ。もっぱらわれわれの力の及ぶ範囲内で厭わしいものにのみ嫌悪の念を働かせるがいい。

しかし欲望はさしあたり、まったくこれを遠ざけるがいい。なぜなら、君がわれわれの力の及ばないものをほしがるなら、君は必ず幸福を失うに相違ないからだ。しかしわれわれの力の及ぶものであって、欲するにふさわしいものは何か、これは君にはまださしあたりすこしもわかっていない(1)。欲求するにせよ嫌悪するにせよ、君はおだやかに、平静に己れの向かうところに就かなければならぬ。

(1) つまり初学者としてである。ここに隠されている本当の考えは、人間向上のはじめは、その意志、すなわちかれが真に所有するといえる唯一のもの、を自由にする、ということはすなわち、わがつかえようとするものにこの意志を奉仕せしめることにあるのだ、という考えである。十五世紀のある有名な聖女は、それゆえ端的に言っている。「すべて自己の意志は罪です」と。

三

およそ有益な、うれしいこと、したがって君が愛している物事については、それが元来どのような性質なものかを、明らかにしておく必要がある。この場合最も小さなものから始めるがいい。君が一つの壺を見たら、自分が見ているのは壺であると己れに言いきかす。そうすれば壺が壊れても心が乱れることはないであろう。妻や子供を抱擁したら、自分が接吻しているものは、一個の人間であると、己れに言いきかす。そうすればそれが死んでも、狼狽することはないであろう。

四

何事か始めようとするとき、それがどういう種類のものか、とくと考えるがいい。君が湯にはいりに行くとき、あらかじめどんなことが浴場の中で起こりがちであるかを、想いめぐらすがいい。人を掻きわける者もいる。乱暴に飛びこんでくるのもいる。罵る者もいる。盗む者もいる。それゆえ、あらかじめ次のように自分自身に言いきかせておけば、君は一層しっかりと行動できるだろう。すなわち「自分は浴場に行っても絶対に理性的な心構えを失うまい(1)」。

(1) この規則は、現在とりわけ旅行の際に使えるであろう。

五

あらゆる事にあたって、このようにするがいい。そうすれば、入浴中に何か妨害が起きても、君はこう考えることができる。「このこと（たとえば入浴すること）だけを私は欲したのではない。私の自由な意志と品性を保持しようということも欲したのだ。いまここで起こっていることに激昂したら、私はそれができなくなるだろう。」

物事それ自体ではなく、物事についての見解が、人間を不安にするのである。死にしてもそれ自身なんらおそるべきものではない。もしそうならソクラテスにもそのように思われたはずだ。むしろ、死はおそろしいものであるという、死についての先入見が、人をこわがらせるのだ。それゆえ、われわれは、何事かによって妨害され、不安にされ、あるいは悲しい目にあわされても、決して他人を咎《とが》めてはならず、むしろわれわれ自身を、すなわちわれわれの見解を、咎めよう。自分の不幸のために、他人を咎めるのは無教養者のやりくちであり、自己自身を咎めるのは初心者のやり方、他人も自己も咎めないのが、教養者の、完全に教育された者のやり方である。

六

君自身のものでない美点を誇ってはならぬ。もし馬が得意になって「おれは美しい」といえば、これはまだ我慢ができる。しかし君が自慢して「おれは美しい馬を持っている」といえば、これは君が馬の美点を自慢しているのだ。この場合何が君自身のものか。その考え方だけである。この考え方の点で君が正しければ、その点で君が誇っても妥当であろう。なぜなら、この場合は、君はほんとうに君自身のものである善き性質を誇っているのだから。(1)

(1) この外面的で偶然な所有に関する誇りは、実際すべての教養の足りない人間の特徴であり、青年の教育の際に徹底的に、こうした誇りをかれらから取り除かなければならない。現代の才気ある僧侶(ツュンデル)が「貴族的なもの」は、第一その外的な表現、美しい服装、などからして、容易に人を「愚かにする」力があるものだ、といったが、これはきわめて正しい言葉である。したがって、下層の一般民衆と交際するのは、特別のいわゆる「上流社会」に階級的に閉じこもっているよりも、一般に精神的に得るところが多い。こうした交際は自己の精神の閉ざされた偏狭さをある程度解放するものだし、また元来なんらかの宏量を前提とするものであるから、思想の貧困化から精神を救うのである。狭い交際範囲では、こうした思想の貧困化が、最初はめだたなくても、後の世代に確実にあらわれてくる。

近代では一般的な兵役義務によって、社会諸層の直接な接近が起こり、これは非常に上層階級のためになった。そしてたとえば王室の人気がよいことなども、現にまったくこのおかげである。

七

航海の途中で、船がしばらく港にはいり、君が水を汲みに上陸し、その途中で貝殻や球根などを拾うようなことがあっても、しかしいつも君の考えは船に向けて、舵取りが呼びはしないかと、振返って見なければならぬ。そしてもしかれが呼んだら、何もかも捨てなければならぬ。さもないと、羊のように縛られて（反抗的な、あるいは逃亡した奴隷のように）船に投げこまれてしまう。同様、人生にあっても、君に愛妻や子供が与えられたら、これをよろこぶのはいいが、しかし舵取りが呼んだら、船に向かっていそぎ、すべてを投げうち、何物も敢えて顧るな。

君がすでに老人なら、決して船から遠ざかるな。舵取りが呼んだとき、取り残されぬように。

八

世の中のことが、君の望みどおりにゆくことを願ってはならぬ。むしろ、起こることは何事も起こるがままに起これ、と願うがいい。そうすれば君は幸福になるだろう。(1)

(1) これは完全なストア的諦めである。この諦めはしかし、宗教的背景を持たぬ場合は、とかく人を鈍感にしがちであり、そうならぬのは恵まれた場合のみであろう。目ざしている結果においては、それはキリスト教と等しいが、その過程は違っている。真摯な人生に適わしい二つの人生観、キリスト教とストア主義の差異は、簡単にいえば次のごとくである。ストア主義は、人生の苦悩を否定しようと試みる。ともかく優越した精神力によってこれを蔑視しようとする。キリスト教はこれに反して、人生の苦悩を完全な現実的存在として承認するが、同時にある力を人に与え、一層高く、一層内的な幸福を約束して、それによってそうした苦悩を耐えやすいものにし、否、無意味なものとさえしてしまう。およそ個人的なものは、キリスト教にあっては大事ではなく、まさに築かるべき霊の国の勝利が主要事なのである。個人の幸福はこの偉大な事業においては一つの小さなことと思われ、犠牲にされることもありうるのである。しばしばこの二つの救いの道と並べられる仏教の教えるところは、ひたすらこの苦悩の必然を堪え忍び、あらゆる苦痛感覚の確実に到来する終わりを、消極的に待ち望めというのであり、この人生のさ中の悦ばしい活動によってこれを克服するということではない。これらの道のいずれかによって、自己と人類のために、厭世主義や酔生夢死の生き方に陥らなかった人々はそれぞれ尊敬されていい。以上で結局五つの道があるわけだが、人類が昔から歩んできたのはこれらの道であり、最後の酔生夢死の生き方の道が残念ながらいちばん人の通る路である。ユダヤ教をとくにあげないのは、われわれはそれをキリスト教の自然的、歴史的根源として、畏敬と愛情をもって見るからであり、それが不自然に中断された発展をいつか回復するであろうと信ずるからである。ツィンツェンドルフ伯爵の美しい詩句「しかし、セムよ、われらはなんじをも愛し、なんじの生くるを見たく思う」は、この感情をあらわしている。しかしこうした思想は現在ではしばしば奇妙な、とくにキリスト者的立場から、理由のない敵意に取って代わられている。さて正しくない道と同様中途半端な道も困りものである。ベンゲルの『エゼキエル書についての断想』一五およびヨハネ一五を参照。「正しきキリスト者である者は、ブドウの枝が人々に大きな利益をもたらすようにきわめて有益である。しかしキリスト者がふたたび俗世に戻って行くなら、かれは現世の仕事にも役立たない。さながら木を離れたブドウの枝が、火に焼かれるほか何の役にもたたぬごとくである。」

九

病気は身体の障碍であって、意志自身が病気になったのでないかぎり、意志の障碍ではない。跛は脚の障碍であって、意志の障碍ではない。君の身に何かが起こるたびに、このことをみずからに言うがいい。そうすれば君は、その起こったことの作用がつねに君の障碍にはならないことに、気づくであろう。

一〇

すべての出来事の際に、わが身を顧みて、これに対抗するどのような力を自分が持っているかと考えることだ。美しい人を見れば、これに対抗する力として心中に自制を見出すであろう。困難な仕事がやってくれば、根気を。恥辱を受ければ、忍耐を。このように自身を慣らせば、君は決してさまざまな想念で心乱されることがないだろう。

二

何事にせよ、決して「私はそれを失った」といってはならぬ。「私はそれを返した」というべきである。君の小さな息子が死んだ。それは返したのである。君の財産が奪われた。これも返したのである。奪った者は悪者にちがいない。しかし、何者の手を通じて、与えてくれた者がそれを取り返そうとも、君になんの関係があろうか。それが君の所有にゆだねられている間は、他人の財産として所有するがいい。旅人がその宿屋に対するごとく。

三

君が知恵において、ほんとうの進歩を遂げようと思うなら、次のような正しくない考えを除かなければならぬ。「自分の財産を無分別に取り扱えば、私は生計の道を失うことになるだろう。息子を罰しなければ、かれは悪者となるだろう。」不安な気持ちで贅沢三昧に暮らすよりは、恐れや煩《わずら》いを知らずに死ぬ方がまさっている。君が不幸になるよりは、子供が悪人になる方がまさっている。(1)

(1) ここではこのようなストア的見解につきものの哲学的エゴイズムがあらわれている。われわれはわれわれ自身のためにのみ生きているのではない。またわれわれ自身の自己完成のために生きているのですらない。この自己完成にしてからが、だいたい他者に対する配慮を欠いてはありうべからざることである。総じて古代哲学の根抵には、「私にとっての最高の幸福をこの世でいかにして見出せばよいか」という問いがつねにひそんでいる。最高の個人的形成という問題も、この哲学にとっては、すでにいくぶん縁遠いものであり、元来幸福にいたる手段としてのみ考察にはいってきたのである。キリスト教の思想はまったくこれと異なっている。キリスト教は元来個人的幸福、いや自己完成ということすらも、第一には問題とせず、むしろこの世の国およびその財宝とはまったく異なっている霊の国のために働き、その実を結ぶことを眼目としている。またこれは人間の内的性質を一変することによってのみ起こりうることであり、その一変というのも自己のなす業ではないのである。

これに反して古代哲学者（エピクテトス）は、一切を自分自身の力で、理性的諸原理の獲得と、それによる不断の訓練を通じてなしとげようとする。したがってその幸福もむしろ消極的な幸福であり、人間生活と必然に結びついている禍を能うかぎり主観的に減少することに尽き、決してかの、大きな事業に参ずることによってのみ見出される積極的な幸福、それとくらべればあらゆる明らかに存在している現世の苦悩も、取るに足らぬものとなってしまうような幸福ではない（ヘブル一一）。かれの謙遜にしてもしたがって、隠しきれない傲慢であって、それはもちろん己れより小さな虚栄を克服するものではあるが、同胞に必ずしも快い印象を与えない。ソクラテスの二回の弁明は、その明らかな例である。さればこそキリスト教の教えはまず次のように人に求めるのである。あなたの心をあらため、あなたの外にある、歴史的な福音を信じなさい（マルコ一・一五）。それはあなたに日毎の人生の苦悩がもはや考慮にはいらないような一つの幸福の資格と能力を与えるであろう、と。キリスト教の根本的見解に従えば、救いはなんらかの教えによるのではなく、ある一回的に起こった、確定的な歴史的事実にもとづいているのであって、この点をわれわれは絶対に看過してはならない。これについてはヨハネ一一・二五―二七、六・四七、第一コリント一五・一七、第一ヨハネ五・五、行伝一六・三一を参照。およそ事実に依拠しない宗教的見解は、本来は哲学なのである。人間自身によって構成されたものであり、人はこれを採るもよく採らぬもよく、採らぬ場合は、その人にとって全然存在しないことになる。事実すなわち歴史的出来事は、これに反して人が受けいれようが受けいれまいが存在するのである。

近代哲学は幸福よりもむしろ力を求める。それは力の根源であるすべての物の理解と知識に普通よりもいち早く到達すべき鍵を（近代の一文学史家がいうように、合鍵ではないまでも）見出そうと努める。抽象的哲学はこの点で欺瞞にすぎぬということがこれまでに証明されたので、この鍵はいまでは自然科学と統計学に求められている。哲学に慰めと希望を求めることは、若干の現代哲学の代表者自身、たとえばハルトマンのごときも、無益なことと断言している。

それゆえ、最も小さなことから始めるがいい。君の油がこぼされたり、君のブドウ酒が盗まれたりしたら、いうがいい。これだけの値段で平静を買ったのだ、それだけの値段で沈着を買ったのだ、と。(1) ただでは何も買えないのである。君が召使を呼ぶなら、同時に、「かれにはそれは聞こえなかったかもしれない」、あるいは、「かれはたとえそれを聞いても、君の望みに応じないかもしれない」、と思うがいい。しかしそれは召使にふさわしくない（と君はいうだろう。そうかもしれない）。しかし君にとっては、かれのために腹を立てさせられないのがふさわしいのである。

（1） Apatheia（無感動・平静）と Ataraxia（不動心・沈着）である。ここからストア派がつねづねその全部の原理を要約する次の合言葉がでてくる。“Sustine et abstine”（忍べ、そして諦めよ。）

一三

君が知恵を学んで大いに進歩しようと思うなら、君は外面的な事柄のためにわからずやだとか馬鹿だとか思われてもどこまでも我慢しなければならぬ。物事を知っているような見せかけをするな。またとえ相当な人間のようにほかの人から思われても、自分自身を信用するな。なぜなら、内面的な決意と外面的なものとを同時に確保するのは、容易でない。というか、むしろ、そのうちの一つに熱心なものは、そのために、他の方をなおざりにせざるをえぬ、ということは必至だからである。

一四

もし君が君の子供たち、君の妻、君の友人が永劫無限に生きることを願うなら、君は馬鹿だ。なぜなら君は君の力の中にないことを勝手にしようとし、自分のものでないものを自分のものにしようとするからだ。同じように、君の息子があやまちを犯さないことを望むなら、君は馬鹿だ。それによって君はあやまちがあやまちでなく、何かほかのものであることを望むからだ。これに反して、もし君が自分にできることだけのことをするならば、君は何事もあやまたぬという目的に達することができる。

一切のものの主人とは、かれの望むところに到達し、かれの望まないものを避けることができる人である。ゆえに自由たらんとする人は、他人の力の中にある何ものも望んではならぬ、また怖れてはならぬ。さもなければ、かれは他人の奴隷である。[1]

（1） 絶対の自由は、ただ神のみにつかえ、他の何びとにもつかえないことにある。“Deo servire libertas”（神につかえるのが、自由。）

一五

大事なことは、人生にあっても、饗宴に出席したときのようにふるまえということだ。何かが回ってきて、君のところに来たら、手をのばして、控え目に取るがいい。自分の欲しいものが当分まだ君のところに来なかったら、むやみにほしがるな。君のところに来るまで待つことだ。妻子や地位や富についても同様にふるまうがいい。そうすれば君はいつか神々の立派な客人となるだろう。

しかし君が、君に差し出されたものを何も取らず、平然とこれを見送るならば、君は神々の客人どころでなく、神々とともに統治する者となるだろう。このような行動の仕方によって、ディオゲネス、ヘラクレイトスその他の人々は、かれらに与えられた神人の名にほんとうに値いしたのであった。

一六

誰かが、その子供が遠方へ旅だったり、あるいはその財産がなくなったりして悲しんでいるのを見たら、君はこの人がそうした外的な事物の喪失で不幸になっているのだという勝手な想像にふけらないで、次のように思うように心掛けるがいい。「この出来事がかれを苦しめているのではない（なぜならこうした事によって悩まされない人々も多いのだから）。そうではなくて、それについてかれが抱いている観念がそうさせているのだ」と。理性ある言葉でかれを癒してやることを怠ってはならぬ。それはたとえかれとともに泣かねばならぬ時でもである。ただ、君の心の奥底では嘆きをともにしないようにせよ。

一七

君はある戯曲の中で、作者が君を通して演出しようとするある一定の役割の果し手だということを忘れるな。短い役割なら短く、長い役割なら長く、演ずることだ。貧乏人の役を演ずることを望まれたら、上手に演じなさい。跛者《はしゃ》でも、お役人でも、普通の市民でも、同様にやりなさい。君に託された役割を立派に演ずるのが君の仕事なのだから。役割を選ぶのは、ほかの人の仕事である。

一八

鴉が鳴いて不幸を知らせたら、そうした想像のために不安にならないで、よく分別して、早速こう確信するがいい。「この前兆は、私には少しもかかわりがない。つまり私の滅びやすい肉体か、私のわずかな財産か、もしくは私の名誉か、もしくは私の子供か、私の妻にかかわりがあるのだ。私がそうあらせたいと思えば、何もかも幸福の前兆になるはずだ。なぜなら、何事が起ころうとも、そこから利益をひきだす力は私の中にあるのだから。」[1]

（1）シエナのカタリナも同じように書いている。「勇気ある人には、幸と不幸とはかれの右手と左手のようなものです。かれは両方を使うのです」と。

一九

勝つことができない戦いを企てなければ、君は不敗の地位を保てるだろう。非常に尊敬されている人、あるいは非常に権力のある人、あるいはその他の声望の高い人を見たら、己れの想像に欺かれて、かれを幸福だと（嫉妬しながら）思わないように、用心するがいい。すべての真の財宝は、われわれの力の中にあるものにあるのだから、嫉妬や羨望はおよそ意味をなさない。君は将軍にも、市長にも、執政官にもなろうとは思わず、自由にこそなりたいのではないか。自由への道は、われわれの力の外にあるすべての物を蔑視することである。

二〇

君を罵ったり打ったりする人が、君を虐待するのではなく、こうしたことが恥辱だという君の観念が、君を虐待するのだ。誰かが君を怒らせるなら、それはただ君自身の観念が君を刺戟しているだけなのだ。だから何よりも、君の観念によって、事の最初の瞬間に心を奪われないように努力するがいい。時がたって、君が熟考する余裕を得たあとでは、君はすでに自己を制することができるであろう。(1)

(1) これはきわめて真実である。侮辱の瞬間に憎悪を心にいりこませてはならない。時をおけば憎悪を克服することは容易になるものである。ところが憎悪が一度巣喰ってしまうと、それを根絶するのに骨が折れる。だいたいいわゆる「敵」というものは、われわれが昂奮の刹那にともすれば思いこむほどさほど有害なものでない(友人もまたさほど有益なものでない)ということは、多少人生経験のある人なら保証することができるであろう。敵はたいがいたんなる道具なのであって、ただ独立して行動しているように自分で信じているだけなのだ。またかれらの憎悪が君になんら反応を呼び起こさなければ、その意図のほんのわずかの部分しか実現しえないものである。

二二

日毎に死とか追放とか、その他何でも恐ろしく思われることを、眼のあたりに描いているがいい。そうすれば君は卑しいことを思わず、あるいはあまりに激しい欲望も起こさないであろう。

二三

君が知恵を学ぼうと思うなら、人に笑われるだろうということ、大勢の者に「急に哲学者になってやってきたな。何だってわれわれに(小さい時からよく知っている仲ではないか)偉そうな顔をするのだ」と嘲られるのを、覚悟しなければならぬ。

君は決して傲慢な顔をしてはならぬ。しかし、君が最善として認めたものは、さながら神によってこの任務につかされたかのように、堅持することだ。そして、君がこれを固守して譲らなければ、以前に君を嘲笑した者も、後には讃嘆するであろうことを、確信することだ。(1) しかしもし君がかれらに譲歩すれば、かれらは君を二重に嘲笑するであろう。

(1) ほかならぬ大声の非難や嘲笑の中には、内心の動揺に対して自己をまもろうとする意図しかないことがしばしばある。若い人には、かなり年をとった者に見られるこのやり方を判別するのが、とかく困難なものだ。
バンヤンの『天路歴程』はその第二章で、最初は自己を改善しようとする試みを笑い、次には意気沮喪に陥ったことを笑う、この二重の嘲笑を「弱い心《フィーブル・マインド》」という人物に託して、きわめて滑稽にしかも生き生きと書いている。

二三

万一君が君自身から背いて外へ向かい、世間の気に入ろうとでもする気が起きたら、君は君の正しい状態を失ったのだ。つねに哲学者で実際にあることをもって満足せよ。誰かにそれと見てもらいたかったら、自分自身で見ておけばいい。それで十分である。

二四

「自分は名誉もなく幅も利かずに一生をすごすに相違ない」という考えによって、不安になってはならない。名誉を得ないのが不幸としても、誰も君に不幸を味わわせることはできないのは、恥辱を味わわせることができないのと同様である。名誉ある地位につくとか饗宴に招待されるとかいうことが、君の本分なのか？　断じて否。それならどうしてそれが君の不名誉となりうるだろうか？　また君は、まさしく君の力の及ぶ事に対しては幅が利き、最大の名誉をかち得ることができるのだから、どうしてなんの幅も利かずに生きるということになろう？

しかしそれでは私の友人は、私から援助を得ることができない（と君はいうのか）。援助を得られない、とはどういうことか？　もちろんかれらは君から金銭をもらえないだろうし、また君はかれらをローマの市民にしてやるわけにはいくまい。こうしたことが、われわれの力の及ぶ事柄で、他人の力に依るものでない、と誰が言ったか？　自分自身が持っていないものを、誰が他人に与えることができよう？　それだからこそ、他人にも与えられるように、われわれは財産をこしらえねばならない（と、君はいうのか）。もし良心や誠実や気高い心情を傷つけないで、財産がこしらえられたら、その道を教えてくれ、私も財産を作りたい。しかし君たちが、真の財宝でもないものを手に入れるために、私の（真の）財宝を捨てよというなら、いかに君たちが不当でわけのわからぬことをいっているのか、自分自身でもわかるだろう。金銭か、それとも忠実で良心的な友人か、どちらを君たちは好むのか？

だから、私を助けて後者たらしめてくれ。そしてこうした私の特徴を失うようなことをせよと、私に望まないでくれ。「だが祖国は私から受けうるはずの援助を受けないことになりましょう」と君は言うだろう。それに対して私は言う、「どんな援助を君は意味しているのだ？　もちろん祖国は私によって殿堂も浴場も得ることはないだろう。だが、そうしたことが何だろう？　祖国は鍛冶屋から靴を得ることも、靴屋から武器を得ることもできない。君が祖国のために人々を忠実で良心的な市民に育成すれば、それも祖国に役立つのではないか？」「その通りです。」「それでは君は祖国に無益ではないのだ。」「しかしどんな地位を、私は国家の中で占めるのでしょうか？」「君が忠実と良心をもって占め得る地位だ。そうでなくて、もし君が鉄面皮で不忠実になってしまったら、どうして祖国の役に立ちえようか[1]？」

（1）ここには、もっと大きな意味を持った思想が簡単に示唆されている。実践的に見て、ストアの体系の中でわれわれに最も誤っていると思われるのは、その不断の平静心を維持する方法である。この平静心をストア派は最高善（われわれとしてはむしろ、一つの「非常に高い善」といいたいところである）と見ているわけであるが、それが誤っているのではない。ただこの最高善の目標に達するために、ストアの賢者たちは絶えざる哲学的な自己上昇によるのである。この自己上昇は多くの場合かなり傲慢に近い観を呈する（この理由でかれらはすでに古代の当時でもしばしば非難された）。これとともに、ある種の不感無覚という行き方を取るが、これはその過度の場合はシニシズムに陥る。また一般世人から遠ざかるという行き方も取る。人間のこころを知る者は、こうしたすべての場合においてその到達される満足は、結局一個の哲学的な満足、すなわち不断の反省作用によって、いわば自己を満足しているものと断定する不断の意志によって——媒介された満足であることを、否定しないであろう。ほんとうの（客観的な）人生の幸福と本然の平静心は、われわれの考えでは、ある奉仕関係、それは何よりも兵役服務に比せられるような、それによってわれわれが適当な時期になんらか偉大で真実な事柄にその全生活を奉仕せしめる、そうした奉仕関係によって成立するものと思われる。これこそ創造的な活動性（これを欠いては、真の幸福は考えられない）を人にもたらすもの、試煉に対して沈着ならしめ、毅然として人の嫌悪に耐えさせるもの、恐怖（この世の最大の暴君である）に陥ることなく、自己の見解を決然と取り、苦悩を覚悟し、自己自身の過失（事に対する誠実が欠けないかぎり、これは結局たいした問題ではない）に対しても辛抱強くさせるところのものである。こうしてそれはまた人を不断の、完全に正しい自己評価に到達させるので、こうした自己評価があってこそあらゆる偉大な事業につきものの狂気に、人は陥らないですむのである。それはまた、人をして、かれが奉仕する事柄の味方であり敵であるすべての人間や社会と適当な接触をたもたせ、そして決して空費とはいえない――むしろなんらか明らかな成果を伴っている場合が多い――生涯を、よろこびをもって回想するような平和な老境を与えるものである。

ラサールはその戯曲の主人公ジッキンゲンに言わせている。「わしらは、わしらの人生をかの偉大な目的――その工場では人類はたんに忠実な労働者にすぎないあの偉大な目的に負うているのだ。わしは、自分にできるだけのことをしてきた。そこでいまはこの身が解放され、肩の荷をおろした感じだ。まるで正直に借金を返した人のように。」ここには近代のストア主義者の考え方が出ている。キリストの使命を正しく理解した最初の人間が、たとえばイスラエルの僧侶ではなくて（それどころか、当時の最大の聖職者にもかれというものがわからなかった）、ローマの将校（百卒長）であったのもたしかに偶然でない（マタイ八・九、一一・三参照）。あらゆる近代の民衆指導者の中で疑いもなく最も困難かつ危険きわまる生活をした人物クロムウエルは、一六五五年一月二十二日にその第二革命議会で、言った。「困難がどれほどであろうと、われわれは神の力に頼ってかれらに対抗することができるであろう。そして神のおかげで、私は困難に慣れてきた。また神に信頼して、私は裏切られたためしがない。これらのことを諸君に対し語り、また他の場所で語るとき、私はわが心の中で笑い、また歌うことができるのである。」このクロムウエルの言葉はなお他の一点で注意すべきものがある。あらゆる「奉仕」はそれ自身として峻厳なものであり、人をも峻厳にする。もしも心を慰め柔和にする要素、かの偉人をしてその心の中で笑いかつ歌わせたまさしくそのものが、これに加わらない場合には、そうなるのである。反対に、こうした要素の欠乏こそ、十八世紀最大の「国家の僕《しもべ》」（フリードリヒ大王）をして、その業蹟と成果に富んだ人生の最後に、「余は奴隷どもを支配するのに倦み疲れた」という悲痛の叫びをあげさせたものであった。たんに人類に奉仕する高貴な人々はすべて、非常に倦み疲れるものである。これは「人道主義」と呼ばれる、それ自体としてはきわめて尊重すべく、場合によっては崇高ともいえる考え方の欠陥である。旧約の預言者中の幾人かは、すでにこうした見解をかなりはっきりと述べている（とくにエレミヤ一七・五—九、イザヤ四〇・二九—三一、ホセア一四・四）。

大きな困難にみちた活動的な公的生活を欣然として耐えてゆくという点では、われわれの現代社会の方が古代社会よりもまさっている。もっともその最善の哲学者たちはもはや職業的な人々ではなくて、むしろ大部分までが、そのカペナウムの祖先（前出の百卒長のこと）の例にならって、軍服をまとっているのではあるが（あるいは、まさにその故に、であろうか）。

二五

饗宴の際、あるいは挨拶のときや相談をかけられたときなどに、誰かの方が君より先に重んじられることがある。それがほんとうによいことであったら、そうした尊敬を受けた人に祝意を表するがいい。しかしそれがよくないことであったら、君がそうならなかったことを悲しむにはあたらない。いずれにせよ、自分の力の及ばないものを得るのに、他人と同じことがやれないで、しかも他のものと同じ報酬を得るということはできないということを、忘れないようにしなければならぬ。いってみれば、偉い方のところへすこしもお伺いしないで、お伺いした人間と同様に、あるいはそのお方のお供に加わりもしないで、加わった人間と同様に、あるいはなんのお追従もいわないでおいて、お追従をいった人間と同様に、どうしてかれの恩顧を受けることができようか？　その品物が売られる値段を

払わないでおいて、それをただで手に入れようとするなら、君は不正で貪欲というものだ。(1)

(1)　しかも今日でもおびただしい人々がまったく同じことをしようとする。

レタスはいまいくらで売っている？　たぶん一オボロスぐらいか。さて誰かがその一オボロスを出して、その代わりにレタスをもらうとする。君は金を出さず、何物ももらわないとする。君は別にその男より割が悪いということにはならない。かれはレタスを手にし、君は君の渡さなかった一オボロスを持っている。ほかの物でも同じことである。君は誰かのところに招待されなかった。しかし君はこの招待の主に、招待の売値を渡していないのだ。かれの方は讃辞や尽力を求めてそれを売っているのに。有利な取引と思ったら、かれにその値段を払ってやるがいい。与えないで、しかし取ろうとするなら、君は貪欲な馬鹿者だ。ところで、君は饗宴の代わりには何も持たないのか？　いやいや君は、ほめたく思わなかった人をほめなかったということを、持っているのだ。(1)

(1)　ここでも、なお一つの思想が隠されている。すなわち、普通の人間は本質上当然に己れの利益を求め、その思考でも行動でも、不幸への恐怖と享楽への愛好によって決定される。かれらの行動のこうした動機が精神において意識的であるか無意識的であるか、形式において洗練されているか粗野であるか、ということは究極においてはほとんど問題でない。それはむしろたんに奴隷状態の程度の差にすぎない。最もむずかしいのは、意識的に採択された動機、すなわち哲学的エゴイズムである。あらゆる真の哲学あるいは宗教は、そうしたものからの解放を目的とする。哲学はそれを自己の力と理性的な考察によって行ない、宗教は他からの力によってなしとげる。この他力による場合には、それに向かって自己の意志を献げること、その最高潮では信仰による自己の意志の死が、先行しなければならない。しかしこれにいたるには、大部分の人々は勇気がなく、結果に対する信頼を欠いている。されば福音書も言っている、

「あなたが信ずることができれば、あなたは救われるだろう」と。意志抛擲を欠いた信仰というものは、人間の完成のためにまったく無価値であり、人間をその自然のままに残すものである。正しい信仰は、一個の贈物であり、意志的誠実の不断の報酬である。いかなる人間が、どんなに努力を払っても、信仰を自己自身に与えることはできない。われわれに信仰を「叩きこもう」とする現代の宗教教育家の努力がいかに失敗であるかは、われわれの誰しもがおそらくみずから経験したところであろう。しかし、信仰を持たないということは、知識を持たない場合よりも一層高度に、各自の責任だといっていい。なぜなら、その人は、自分の持っている切角のそのための資力を利用せず、その価格を払おうとしないからである。その意味では信仰はやはりかれ自身の行為であり、あらゆる正しい回心はかかる行為をもって始まるのである。このことを明らかにするのが、およそ効果ある宗教教育の任務であろう。あらゆる新しい意志棄却には、これと引き替えに、われわれには説明しがたい人間本性の法則によって、一つの新しい、一層明瞭な認識と確信がおのずから、これに従うものである。この仕方においてのみ、スエーデンボルクのいわゆる「学者が理解することの能わぬ」ところの「悟得」である、真の内的認識は得られるのである。それは、きわめて身近な譬喩でいえば、自動秤のそれに似た過程である。己れの自我というこの一片――ほかのものではだめ――を投入しなければならぬ、それによってのみはじめて結果が間違いなく生ずるのである（ヨハネ五・三〇、四四、九・二五、二九、一一・四〇、七・一七参照）。

二六

理性の声を、われわれは疑いのない事柄でははっきりと聞くことができる。たとえば他人の子供が瓶をこわしたら、誰でもすぐ心で言う。それはありがちのことだ、と。だから、君の瓶がこわれたときにも、他人の瓶がこわれたとき君が取ったような態度と同じ態度を取るがいい。これをもっと大きな事柄にも適用するがいい。他人の子供なり妻なりが死んだ。誰でもが言う。これは人間の運命だ、と。しかし自分の家族の一人が死んだとなると、「ああ悲しい。私はなんと不幸な人間だ！」と嘆き悲しむ。われわれはどんな感情をもって、他人の場合の同じことを受け取ったか、想い出してみるべきであろう。

二七

的があるのは、それを射当てないためにあるのではない。同様に、世の中に不幸があるのは、それを避けるためではない(1)。

(1) いかにもあっぱれな言葉である。さきに（十八の註）引用したシエナのカタリナ聖女の言葉と符合する。たいがいの人は、いわゆる不運とか失敗とかいうものに対する愚かな恐怖の中に生きて、そうしたものがどんな善きものでありうるかを知らない。

そもそも幸福とは何か、どうしてそれを知ったらいいか、この点に関してはもういろいろと表現されているが、二つのきわめて実際的なものは、こうである。

㈠毎日毎日よろこんでかれの運命に従う者は、幸福である。

㈡毎晩眠りにつく際に、次の朝ふたたび目覚めることを楽しみにする者は、幸福である。

これによれば、昔のクールの州立学校では、われわれは稀にしか幸福でなかったということになるかもしれない。

二八

君の身体を自由にする権利が、手あたりしだいの人間に任されたら、君は憤慨するだろう。それでは、君がそんじょそこらの人間と喧嘩して、その男に、君の気持ちを自由にする権利を譲りわたし、おかげで気持ちがかき乱され不安にされるままになるのを、どうして嫌がらないのか？

二九

どういう仕事をするにも、まずそれには何が先立たなければならぬか、またどういう結果が生ずるかということを精密に調べて、それから着手するがいい。さもなくて、必然的な結果をよく考えておかないと、最初は喜んで始めるものの、困難なことが出てくると、恥ずかしい思いで引きさがらなければなるまい。たとえば、君はオリムピア祭の競技で、賞を得たいと思う。私にしても、まったく得たいものだ。なんといっても名誉だからである。だが、第一に、そうした仕事には何が先立つか、何がそれに続いて起こるかということをよく考え、それから着手することだ。君はきびしい訓練生活をつづけなければならない。強制的な規則に従って食事をし、あらゆる美食を遠ざけ、厳格な命令どおり一定の時間に寒暑を冒して練習しなければならない。つめたい物を飲まず、ブドウ酒もはめをはずさず、一口でいえば君は指導者のいうことを、医者のいいつけを守るように守らねばならない。その上で君は闘技場に出なければならない。出たとなると手や足首をくじいたり、たくさん埃を吸ったり、それどころかなぐられて、おまけに負けてしまうかもしれない。このことをよく考えて、それでもまだやる気があるなら、闘技者となるがいい。そうでなかったら君は、力士の真似をしたり、剣客の真似をしたり、喇叭手《らっぱしゅ》の真似をしたり、俳優の真似をしたりする子供と同じようなことになる。君のやることはそんなところだ。いまは力士かと思うと、こんどは剣客、その次は演説家、その次は哲学者。しかし本気なものは一つもなく、ただ猿のようにその時その時眼に見えるものを真似して、つぎからつぎと好みが変わってゆく。君は確信と適切な見通しをもって事にあたらず、軽はずみに、じきにさめてしまう欲望に動かされるのだ。ある哲学者に会う。あるいは「何とオイフラテス(1)は上手にしゃべるのだ！　かれに敵う者はいない」というようなことを聞く。そんなことで早速自分も哲学を研究しようと思う人々がいるのである。君、まずある仕事が要求しているものを、よく考えることだ。それから君がそれに適するかどうか、自分自身を観察することだ。五種競技(2)の選手になりたい、あるいは闘技者になりたいと思うなら、君の腕や脚や腰をよく調べてみるがいい。なんでもできるという者はいない。それとも君は哲学者になろうとして、それでも普通のように、食べたり飲んだり怒ったりできると思うのか？　否、君は眠らないで勉学し、友人から離れ、奴隷どもにも軽蔑され、名誉、官職、法廷、あらゆる仕事といった一切のものから身を引かねばならない。君はそうしたものと冷静、自由、不屈を取り換えようと思うかどうか、考えなければならぬ。さもなければ君は子供のように、あるいは哲学者に、あるいは財政家に、さらには演説家に、ついには帝国の地方太守にさえもなりたくなるだろう。これらは一つの身にはおさまらない。君は善人であれ悪人であれ、一個のまとまった人間になるよりほかかない。君は君の自我の最も高貴な部分（悟性、理性、精神）を完成するか、外的側面を完成するか、内部を考慮するか外部を考慮するか、哲学者になるか俗人[4]になるか、よりないのである。

（1）当時のシリアのストア哲学者。
（2）五種競技とは剣術、競走、跳躍、投擲、角力である。
（3）ストア派の善である。
（4）俗人とは、"Idiot"のこと。このIdiotという言葉は、現在の意味（白痴）とは異なり、国政に無智な下層の民衆を指している。

三〇

義務は人間の間柄《あいだがら》に従うものである。人は父を敬い、万事につけてかれに譲り、父が叱ったり、打ったりしても、我慢しなければならぬ。「だが父は悪人なのだ」と君は言うかもしれぬ。一人の善い父を与えるというのが、運命なのか？　否、そうではない。ただ、一個の父を与えるというのが運命なのだ。君の兄弟が君に対して不当な仕打ちをする。そうした時は、かれに対する君の間柄を考えるがいい。かれが何をするかを見るな。むしろどうしたら、自分が合理的に行動することになるか、と考えるがいい。君が苦しめられることを欲しないなら、誰も君を苦しめることはできない。苦しめられたと思うから、苦しむのである。同様に、隣人、同市民、指導者などの名称が何を意味するかを考えるようにすれば、君はこれらの人々に対する義務を悟るだろう(1)。

(1) 元来人々と仲よく暮らすことのできる人というのは、そうした人々にまったく無関心になった人物か、あるいはかれらを、福音書の表現に従えば、七十の七十倍許そうと堅く決心した人か、である。最初の場合には、人間的な心情が厚い甲冑の中に閉ざされて存在する、というか存在しないといった方がましなくらいである。第二の場合には、次のような反省を繰返しているうちに、それが習慣になって、心情は傷つけられぬものとなっているのである。「怒ってみてもじきにまた止めなければならないのに、それでも怒りだすというのは、たしかに理性的でない。」この第一と第二の中間の道はすべて愚劣である。

三一

宗教に関して、本質的に大事なことは、神々について正しい観念を持つことであると知らねばならぬ。すなわち、神々は存在する(1)、そして万有を善くかつ正しく支配し給うということ。神々に従うように君がさだめられているということ。神々の指図は最高の議決による命令であるから、これを受けいれ、悦んで従うべきだということ、これである。これを摑めば君はまるで神々から等閑視されたかのように、神々を責めたり難じたりすることはあるまい。これはしかし、君がわれわれの力の及ばないものを断念し、ただわれわれの力の及ぶものの中で善と悪とを認識する場合にのみ、可能なのだ。なぜなら、君が何物かを善なりあるいは悪なりと見るときは、君は自分の望む物が手に入らず、もしくは望まぬ物に出会うといった場合、必ずその物の創造者を非難し憎悪することになるからだ。けだし、すべての生物は、己れに有害と思われる物およびその原因を回避したり嫌悪したりする反面、有益な物とその原因を探し求めて讃美する、という風に出来ているからである。したがって、損害を受けたと思う者が、その損害を与えたと思われる人に満足しえないことは、損害そのものを喜ぶことができないのと同様である。そうしたわけで、父でさえも、かれが息子に幸福のもとと思われる物を拒むときには、息子に罵られる。ポリニケスとエテオクレスがたがいに仇敵となったのも、かれらが独裁権を幸福のもとと見たからである。農夫や船乗りや商人、あるいは妻子を失った者が、神々に対してよく不平をいうのも同じ理由である。つまりかれらにあっては、幸福と宗教が同居しているのだ。真の宗教を持つのは、正しい欲望と正しい嫌悪を持つ者だけである。ただし郷土の風習に従って、邪念なく純粋な気持ちで、いいかげんでなく、けちくさくなく、しかも身分不相応にならずに供物を捧げるのは、何びとにもふさわしいことである。(2)

(1) ほんとうにまず一つの事実――われわれが知ることができず、また知るべきでもないと思われるところの(けだし、すべていわゆる証明は不十分だから)一つの事実のみを、すなわち神の存在を、われわれは信じさえすればいいのである。ここからしてキリスト教へ、あるいは厭世主義もしくはニヒリズムへ、論理が必然にわかれていくのである。しかし人間本性の善良さと弱さのために、たいがいの人はこの両方の終極へゆく道のどこか中途で生涯を送ることになる。

エピクテトスは、なぜ多くの人が神の存在を信じえないかという真の理由をも告げているのである。

(2) この最後の一句は、あまりしっくりしないが、おそらく集録者アリアノスが、気を回して付け加えたのであろう。

三二

君が占い師のところへ出かけて行くなら、それはつまり事柄の結果がどうなるかわからなくて、それを占い師の口から聞くために行くわけだ。だが、もし君が哲学者なら、君は出かける前に、その事の実体はもうわかっていたのだ。なぜなら、それがわれわれの力の及ばない事柄の一つであるなら、それは必然的に、吉でもなければ凶でもないということになるから。だから、占い師をたずねるのに愉快になることも不愉快になることもない。さもないと、君はかれのところへ行く足がひるむだろう。そんなことはなく、一切の起こること（予言されること）は、それが何であれ、自分の身にどうでもいい、何のかかわりもないことだという確信をもって行くがいい。なぜなら、起こることを君が善用するのを、誰も妨げることはできないからだ[1]。人間の助言者のもとに行くように、神々のもとにいそいそと行くがいい。しかしその際でも、君に何か助言が与えられたら、自分がどんな助言者に呼びかけたのかを思い、またその助言に従わぬときは、誰に不従順になるのか、ということを思わねばならぬ。

　しかし占い師のもとへ行くのは、ソクラテスの掟に従って、偶然が支配する事柄で、理性もなんらかの技倆も、成行きを判断する手段を与えないという事柄に限らねばならぬ。それゆえ、君が友人のため、あるいは祖国のために危険を冒さなければならぬというときには、わざわざ占い師にこれをなすべきかどうかと訊ねるには及ばない[2]。なぜなら、もし占い師が生贄に凶兆があらわれたと、君に告げれば、これは死か、あるいは四肢を斬られるか、あるいは亡命といった意味だが、しかも理性は君に、たとえそうした事態でも、友人を助け、祖国の危難におもむけと命ずるからである。だから、一層偉大な占い師アポロを尊ぶがいい。アポロは、己れの友人が殺されたとき、助けに行かなかった男を、その神殿から追い出したのである。(3)

（1）「神は、神を愛する者たちと共に働いて、万事を益となるようにして下さる。」（ローマ八・二八）

（2）「祖国を救えという前兆だけが、正しい。」明白な義務が控えている場合に、しきりに人に訊ねたり助言を求めたりするのは、逃げ路を探している不正な気持ちのあらわれである。現在のキリスト教的時代にあって、きわめて多くの自称の敬虔深い人たちが存在し、どうしたらいいか、本人が十分よく承知しているような場合にも聖書の句を調べたり、僧侶に訊ねたりする。

（3）そのような悪友が、後にデルフォイを訪れたときも、次のような神託の命令を受けた。「瀆神者よ、なんじが瀆《けが》せしこの聖地をとく去れ。なんじはその場にありながらしかも死にゆく友を助けざりしゆえに。」

三三(1)

（一）私生活でも公的生活でも、君がそれに倣《なら》って生活しようとする模範の人物を、念頭に置くがいい。

（1）この一節には短い、実に良い処世訓が集められている。

（二）多くの場合に沈黙をまもれ。もしくはただ必要なことのみを語れ、それも言葉数少なく。(1)

（1）あらゆる宗派、あらゆる時代の真の聖者たちは、つねに二つの確実な性質を具えている。すなわち、かれらはきわめて単純で、きわめて親切である。聖女テレサはその自叙伝の中で、そのような一人の聖者（アルカンタラのペトルス）のことを、つぎのような特徴的な言葉で語っている。「私がかれを知ったとき、かれはずいぶん老人で、しかも非常に痩せ衰えていたので、まるで木の根で編んだように見えました。ありがたい聖者というのに実に親切でした。しかし、人が訊ねかけないかぎり、寡黙でした。だが、すぐれた理性を持っていたので、かれの談話ほど楽しいものはありませんでした。」かれは、聖女テレサの精神生活の最も困難な時代に、彼女を理解し支持してくれた唯一人の人であった。

しかしあらゆる時代に、こうした親切な聖者たちとならんで、また不機嫌な、怒りっぽい、あるいは大げさな聖者たちが存在してきた。こうした聖者たちを信じてはならぬ。かれらはせいぜい半分ほんものでしかない。というのは、自身まだその望んでいる死（自己滅却）をすっかり通り抜けていないからである。さもなければ、かれらは死がいかに苦しいものであるかを知り、すべての人に対し忍耐強くあるはずなのだ。かれらがまだまったく世に知られず、沈黙しているなら、それがおそらくかれら自身にとっても最善であるだろう。キリスト教の文献では、ヨハネの黙示録三・一、二が、かれらを指している。

（三）とくに必要な場合以外、なるべく談話に口を出さないようにするがいい。談話の際も、よく人が話す新しい出来事、試合、競馬、競技、飲食(1)などの話を避け、ことに他人のことは、ほめるにせよくさすにせよ、相互に比較するにせよ、絶対に避けるがいい。

（1）今日なら、さらに演劇、政治、選挙、新聞記事などというところであろう。

（四） もしできたら、いつも君の話によって話仲間を上品な話題にみちびくがいい。知らぬ人ばかりの中では、口をきくな。

（五） なるべく笑うな。何事にも笑う、ひどく笑う、いずれもやめよ。

（六） できたら誓約はまったく拒むがいい。さもなければ最少限にとどめること。

（七） 大衆や無教養な人々との宴会[1]を避けよ。どうにも避けられない場合には、卑俗に堕さぬよう心せよ。なぜなら、一人が不潔な人間だと、かれとつきあう者はいかに純潔であっても、必然的にやはり汚されてしまうから。

（1） 今日ならさしずめ「……祭」「……式」である。

（八） 飲食、衣服、住居、使用人など、すべて肉体に関するものは、やむをえない限度にとどめよ。贅沢に属するものは、一切これを避けよ[1]。

（1） 真の人生の快楽は決してそのようなものに結びつかないことを、たえず念頭におけば、これは容易になる。
"Nos vrais plaisirs sont des besoins."（われわれの真の快楽は、必要なものに限られる。）

（九） 性交はできるかぎりこれを抑制せよ。さもなければ、法律に従った道で、これを為せ[1]。これを行なう人に不満を示し、あるいは咎めだてをするな。自分が抑制していることを誇るな。

（1） ここには異教徒エピクテトスがはっきり出ている。こうした問題の重大さを正しく摑んでいない。ともあれ一部分マタイ一九・一二、一二と一致している。

これに対して、教会の独身制は、偽善の危険ばかりでなく、傲慢の危険をもたえず宿している。それ自体としてたいした重要性をもたない独身の徳が、絶大な功績のように思われ、他の諸徳の欠如をその一枚看板で蔽い隠すからである。

(十) 誰かが君に、「だれそれが君の悪口を言っていた」と告げたら、言われたことに対して自己弁護はせず、こう答えるがいい。「あの人は、ほかに私が持っているいろんな欠点を知らなかったのだ。さもなければ、これ一つを挙げはしなかったろう。[1]」

(1) うぬぼれに陥っていない人々には、これは蔭口や非難に腹を立てないですむすぐれた方法である。カーライルは例の思いきった表現で、言っている、「足るを知る気持ちを得る最善の手段は、自分が絞首刑にされるに値いしている、おそらくそうなるだろう、と想像することだ。そうすると、満足の感情が実に自然に湧いてくる」と。正しい自己評価の欠乏が、今日一般にひろがっている不満足感の大きな原因となっていることは、疑いの余地がない。

(十一) 見世物(劇場)をしばしば訪れるのは、必要でない(したがってまた避くべきである)。しかし事情やむなく行くときには、なんら特別な興味を示すな(ひいきをするな)[1]。そしてそこに演ぜられること以外に何も望まず、実際に勝つ者に勝たせておけばよい。そうすれば(劇場においても、君の哲学的見解を)妨げることは起こるまい。誰かしらの名を呼んだり、笑ったり(拍手喝采したり)、あるいは興奮したりすることは、一切つつしむがいい。そしてはねたあとでは、自分の修養に役立たないかぎり、見てきたことをあまり話すものではない。なぜなら、さもないと、君が演劇に感嘆したということがあらわれるからである。

（1）つまりとくに男女の俳優に個人的な関心を示すなということである。現代でも教養ある人々の間でなおありがちなことであるが。

（十二）多くの人々(1)の講演に、無思慮に、軽率に行ってはならぬ。しかしもし行くなら、真面目な品位ある態度をたもって、ともかく人に迷惑をかけないようにしなければならぬ。

（1）詭弁論者や修辞学者を指している。現代では、多くの種類の教師や説教者をそれに数え入れなければなるまい。

（十三）君が誰かと、とりわけ高貴な人々と談話をしようとするときは、ソクラテスやゼノンがこうした場合にどんな態度をとったか(1)を想い浮かべるがいい。そうすれば君はその場その場に応じてふるまうのに、なんの狼狽することもないだろう。

（1）すなわち屈従的でなく、またおそらく場合によってはもっと困難なことだが、不適当な傲慢にも陥らず、相手の身分に相応した尊敬をもって、ということである。実にゼノンは、高貴の人と交際しながら、教養ある人間のこうした完全な品位を具えていたということである。そのため、アンチゴノス王は、その生涯にただ一度、この哲学者と談話したときには狼狽したと、言ったほどである。

ゼノンは紀元前三四〇年から二六〇年頃まで生きた人で、二八〇年以後、アテナイにあって哲学の教師かつストア派の祖となったが、しかし自身ギリシア人ではなく、キプロス島の港町キチオン生まれのフェニキア人であった。かれはあらゆる点でストア派の賢人の模範と見做され、そのためアテナイ人が次のような碑銘を刻んだ記念碑を建てたほどであった。曰く「かれの人生はかれの教えと完璧に一致した」と。したがってかれはまた、その高齢にありながら自殺によって生を終わったということである。

（十四）　高貴な人のところへ行くのだったら、かれが留守かもしれない、面会を拒絶するかもしれない、自分の鼻先で扉が閉められるかもしれない、自分の言うことなど顧慮されないかもしれない、といったことを想像するがいい。それでもかれのところへ行くのが自分の義務だと思うなら、どんな目にあっても我慢しなければならない。そして決して、出かけてきたのは無駄だった、などと言ってはならない。それは、外面的な事柄に拘泥する無教養な者の言い草である。

（十五）　会合の席でしばしば、しかもくどくどと、君の行為や冒険の話をしないようにするがいい。危険を切り抜けた想い出は、君には愉快であっても、ほかの人には、聞き手にまわるとそれほど愉快でないものだから。

（十六）　同様に、人を笑わせることも、しない方がいい。なぜならこうしたことは、どうかと思われるような性癖で、ともすれば卑俗に堕ち、君の友人たちの尊敬の念を減ずるものだから。

（十七）　品のない話がはずむというのも、これまた危険である。この種のものが、君のいるところで始まったら、事情の許すかぎり、その話の責任者を叱責するとか、さもなければ沈黙、赤面、不機嫌なまじめ顔といったもので、そうした談話に対する君の不満を表現するがいい。

三四

情欲の幻影が君の念頭にきざしたら、その他の感覚的な空想の場合と同様に、それに浮かされないで、しばし実行を控えるがいい。熟考の期間を置いて、二つの主要な時、すなわち快楽をたのしむ時と、快楽のあとで悔恨を覚え、君自身をはげしく非難するであろう時、とを考察するがいい。つづいて、これと比較して、君が抑制することができた時には、どんなによろこびを感じ、自己自身を賞讃するだろうか、と考えてみるがいい。それでも、その事をするのが許されると思われるときには、その甘美な魅力に圧倒されぬように用心することだ。そして、むしろそれと戦って勝利を得たという自意識がいかにまさっているかに想いを致すがいい。

三五

これは絶対にやらなければならない、という確固たる信念に従って何かをやるときには、たとえ大衆が別な風に考えても、公然と敢行することをはばかることはない。君の行動が正しくないなら、その行為をこそはばかるべきで、もし行動が正しいなら、君を不当に非難する人々などを、どうしてはばかることがあろうか？(1)

（1）とくに共和国の場合にあてはまる最善の教訓の一つである。共和国を政治的策謀者の手中にゆだねるものは、何よりも善良な市民の優柔不断である。かれらは親しい仲間うちでは非難も反対もするが、決して敢えて公然たる行動に出ない。そのため厚顔な少数者がしばしば多数者を支配するようになる。

三六(1)

(1) この一節には、かなり煩雑な哲学的三段論法とそのきわめて通俗的な適用が書かれている。たとえば、饗宴の際に、たんに自分の胃袋だけでなく、主人や会食者への礼儀も考慮すべきである、といったようなこと。しかし、そのような諸例によって、われわれは当時の社会一般の礼節の進歩を明瞭に看取することができる。

三七

自分に荷が勝ちすぎている役割を引きうけると、そのために君は不名誉を招くばかりではなく、ほかの、君が(名誉を伴って)果たしえたであろう役割をも放りだすことになる。(1)

(1) きわめて真実で、実によく人生に起こることである。ほとんどすべての人間が、生涯の適当な時機にその役割を見出すことができれば、使いものになるものだ。十七世紀のフランスの一聖者は、多くの人のこれに類似の欠点を、次の言葉で取り除いている。「われわれの癒《いや》しは、われわれの仕事を変更することにはよらず、むしろ本質的に、われわれがこれまでただ自分自身のために為していたことを、神のために為すことによる。」

三八

君は歩行の際に、釘を踏んだり、足をくじいたりしないように注意する。それと同じように、君の自我の最善の部分[1]を痛めないように気をつけるがいい。われわれがこのことを、すべての行動の際に眼中に置けば、われわれの行動は一層確実なものになるだろう。

（1）「たとい人が全世界をもうけても、自分の命を損じたら、なんの得になろうか」（マタイ一六・二六）。しかし、これほどしばしば世に起こることはない。「胃袋の問題」は、大多数の人々にとって、魂の問題よりも大事である。

三九

足が靴の規矩《のり》であるように、肉体の必要はわれわれの所有物の規矩である。そこで踏みとどまれば、君は規矩を越えない。それを越えれば、いわば奈落の中に落ちてゆくことは必然である。靴の場合とまったく同じである。君がひとたび足の必要を踏み越えれば、最初には金色の、次には真紅の、その次には刺繍の靴という順になる。ひとたび規矩を越えれば、もはやとめどのないものなのだ[1]。

（1）　われわれは衣食を得れば、それで満足すべきものである。「それ以上のものは、すべて人為的な欲求であって、もはや限度を知らず、あらゆる手段によって幻想的な域にまで登ってゆく」（バイエルン王ルードウィヒ二世）。これが贅沢の最大の危険であり、なぜそれが間違いなく人間を内面的に破滅させるかという理由である。

四〇

女性は十四歳になると、それからは男たちに淑女と呼ばれる。彼女たちは、美[1]よりほかには取柄がないことを悟るので、化粧に熱中し、一切の希望を外面的な魅力にかけはじめる。彼女たちが、礼儀やしとやかさや躾《しつけ》によらないでは、名誉を得ることができないということを、彼女たちに感じさせるのは、当を得たことであろう[2]。

（1）原典ではもっと粗野な表現が使ってある。女性は概して、男性の大多数が彼女たちにかくあれかしと望むとおりになる、という見解は正当である。

（2）中世紀のキリスト教的ストア主義者トマス・ア・ケンピスは、その著『キリストのまねび』の中で、さらに一歩を進めて、人は女性との一切の交際を避け、「ただすべての敬虔な女性のみを、神にゆだねる」べきことをすすめている。キリストの実例はしかしこれに反している。正しいのは次のようなところであろうか。すなわち、われわれは人々にただしく好意を寄せ、かれらの幸福を求めるときにのみ、かれらと害なく交際することができる、ということ。それ以外では、あらゆる交際は、自己の精神に不利な結果を生ずることになる。しかしこうした前提のもとでは、性の相違ということも、非常に若い年齢を除いて、普通の社交的交際ではたいした意味をもたない。虚栄的な、軽佻もしくは浅薄な人々との交際は、総じて一生涯避けることに努めなければなるまい。

四一

肉体的なことにあまりに長く時間をかけているのは、たとえばあまりに長いこと食べたり飲んだりなどしているのは卑しい品性のしるしである。(1) これらのことはすべて、余計なこととして取り扱わなければならぬ。時間と勤勉は、精神に向けなければならない。

(1) エピクテトスは、われわれの感覚ではいささかあまりに当然すぎることを、このほかなお述べている。

四二

誰かが君に意地悪をする。あるいは蔭口をきく。そのときはこんな風に考えるといい。あの男は、自分で正しいと思っているからこそ、ああしたことをする。あるいは、ああしたことを言う。ところでかれは決して君の観念に従っているのではなくて、かれの観念に従っているのだ。そしてもしこの観念が誤っていれば、かれは自己を欺いたことによって、その損害を受けることになる。なぜなら、もし誰かが正しい議論を誤りだと考えるなら、その場合その議論の対象に傷がつくわけではなく、間違えた人に傷がつくからである。君がこのことをつねに心にとどめるなら、君は君を罵る者に対して柔和な態度がとれるだろう。(1) だからして、そのような事が起こるたびごとに言え。かれにはそう思われたのだ、と。(かれは己れの理解するとおりに、物を言ったり、行動したりするのだ。)

(1) 相手がまったく正しいか、もしくは部分的に正しいとすれば(後の場合は、普通、人が考えるよりも多いものである)、そのためにかれに腹をたてる理由はない。もともと、かれのなすこと、考えることが間違っているならば、かかる人は気の毒に思わなければならぬ。そのことでかれに腹をたてないかぎり、君はほとんど、もしくはまったく、傷つけられることはない。敵を柔和にかつ正当に取り扱ったために、以前の敵がしばしば友人と変わる例は、むしろ多いのである。

四三

物は取りようだが、その取り方に二つの側面がある。一方からすれば、それは我慢できる（持ちこたえられる）。他方からすると、我慢できない（持ちこたえられない）。たとえば君の兄弟が君に不当なことをしたとする。これを、かれが君を侮辱したという側面から取り上げないで——それは君には摑めないかれの取手《とって》なのだ、——そうではなくて、かれが君の兄弟で幼な友達だという側面から取り上げなければならない。そうすれば君はその問題を、持ちあげられる個所で摑んだことになる。

四四

次のようなのは、誤った論理である。「私は君より富んでいる。だから私の方がすぐれている。」あるいは「私は君より能弁である。だから私の方がすぐれている。」論理に適っているのはただ次のようなものである。「私は君より富んでいる。したがって私の経済状態の方が君のそれよりすぐれている。」「私は君より能弁である。だから私の話し方は君のそれよりすぐれている。」だが君自身は財産でもなければ、物の言い方でもないのである。

四五

ある人がいつもより早く湯浴みをする。かれのやることはよくない、といってはならない。ただ、かれは早く湯浴みをする、というべきだ。ある人がたくさん酒を飲む。かれのやることは間違っている、といってはならない。ただ、かれはたくさん飲む、というべきだ。なぜなら、かれをそうさせた理由を知らないうちは、どうして君は、かれのやることが間違っている、とわかるだろう？　以上のようにやれば、君は、ただ物事の一部分からのみはっきりした観念を持ち、他の部分には盲目的に従うということを、避けうるだろう(1)。

(1)　最後の文章の意味はおそらく、「こうすることによって君は、十分な知識を持っていない事柄についてきびしい判決を下すことを、避けうるだろう」という意味であろう。裁くことが多いということは、裁かれる者にとってばかりでなく、裁く者にとっても大きな災厄である。そこで裁く者は、マタイ七・一の言葉（「人をさばくな。自分がさばかれないためである」）を、義務にしばられている場合を除いたあらゆる場合に対して、かたじけない赦しが出たものとして解釈すべきである。

四六

決して君はみずからを哲学者と称してはならない。また俗人たちのもとでは哲学の原理のことなど語らず、原理に従って行動すればいい(1)。たとえば饗宴の際には、食事の作法のことなど語らないで、ただ正しく食事すればいいのである。ソクラテスもまたこうしたやり方であらゆる自慢に類するものを遠ざけたことを、想い起こすべきである。哲学者のもとへ授業を受けにいきたいという人たちが、ソクラテスのところへ来たとき、ソクラテスはかれらを哲学者のところへつれていって、自分は無視されることに甘んじた。

それゆえ俗人たちの間で、話が哲学の原理に及んだら、たいがいは黙っているがいい。なぜなら、君がまだ十分消化していないものを言いだすかもしれないという大きな危険があるからである。黙っていると誰かが「君はなんにもわからないのだ」と言うだろう。しかも君が平然として気にかけずにすませたら、君は順調に進歩しているとみずから悟るがいい。羊はどんなに草を喰べたか羊飼に見せるために、草をまた吐き出すことなどしないで、飼料を消化して乳を出す。それと同じように君は俗人たちに君の原理を示さずに、君がそれをほんとうに消化したかぎりにおいて、その哲理から生ずる行為を示すべきなのである。

(1) 宗教の場合には、これはなおさら明らかに適用することができる。宗教も、われわれがこれを百聞するより一見するということになれば、ずっと信用を増すことだろう。

四七

君が単純な生活に慣れたからといって、これを自慢するな。たとえ水しか飲まなくても、折あるごとに、「おれは水を飲む」などと言わないで、貧者たちがどんなにそれ以上にみじめに暮らし、どんなにかれらこそ耐え忍んでいるかを想うべきである。君が労苦と忍耐の練習をしようと思ったら、自分ひとりでなすべきで、人前でやることはない。彫像にだきついたりするな。(1) ひどく喉がかわいたら、口一ぱい水を含んで、また吐き出して――誰にもこれを言わないものだ。

（1） 評判になりたいストア主義者は、冬になると、寒冷に堪えられるところを世間に見せようとして、当時こうしたことをした。

四八

俗人（哲学者でない者）の流儀はこうである。かれは有利なこと、不利なことが、わが身から起こらずいつも外部からやってくると思っている。哲学者の流儀は、あらゆる利害得失がかれ自身から発すると考えることである。誰かが（知恵の道で）進歩を遂げているしるしは、次のところにある。(1) かれは何びとをも非難しない。何びとをも賞讃しない。何びとについても不平をいわない。自分が何者かであり何事かを知るかのようなことは言わない。何かのことで邪魔されたり、敵対されたりしても、その責めを己れに帰する。誰かにほめられれば、ひそかにそのほめる者を笑う。非難されれば、自己を弁護しない。かれはさながら回復期の病人のように、せっかく治ったものが、まだ固まらないのに、またもぶちこわしてはと心配しているおもむきがある。すべての欲望（願い）は、これを捨てた。嫌悪の念は、われわれの力の及ぶもの（意志など）がその本然に反した場合にだけ、残っている。かれの意志の動きはつねに節度がある。愚者あるいは無学者と思われるのは、意に介しない。一言にしていえば、かれは自分自身に対しておさおさ警戒を怠らないこと、あたかも敵が裏切者に対するがごとくである。

（1） こうした内面的進歩の標識を、プルタルコスも、そのストア派に反対した論文『いかにして人はその道徳的進歩を知ることができるか』の中で挙げているし、またクロムウエルの従軍説教師リチャード・バクスターも、あらゆる国語に訳されたその有名な著書『聖者の永遠の憩い』（第八章）の中でこれを挙げている。古代から伝わっている（メネデモスの）言葉は、その要約するところさらに簡潔である。「アテナイの学院に知恵の道を学びに来る初学者たちは、みずからを賢者と考えている。後にはみずからを哲学者（知恵を愛する者）と呼ぶが、次には弁論家と呼び、最後にはたんなる人間と称するにいたる。」だいたいこれを適用できるだろう。

内面的進歩のきわめて実際的な標識を最初に教えたのは、ゼノンであった。その標識は夢であって、かれの言うところによると、たとえ眠っているときでも、不正をよしとすることなく、不正なことを行なわず、あるいはこれを好むことがない者は徳の高い人物であり、したがって空想力や感覚力も理性によって完全に浄化されているのである。

四九

誰かが、自分はクリュシッポス(1)を理解できるし解釈できると自慢していたら、君はわが身に言いきかすがいい。もしクリュシッポスの書いたものが晦渋でなかったら、あの男は得意になれるものがなかったろう(2)。ところでこの私は何を求めているのか? 自然を知り究め、これに従うことだ。そこで私は訊ねる。私に自然を説き明かしてくれる者は誰か、と。クリュシッポスこそその人だと聞いて、私はかれのところに行く。ところがかれの著作が私には理解できない。よし、それなら、それを私に解釈してくれる人を探そう。ここまでは、どこにも得意になれるものはない。解釈者を見出したら、私はかれの説明を利用することになる。ここだけがまあ感心なところである。しかしただ解釈そのものだけに(その際の博識ぶりに)感嘆し(3)(そしてその解釈の技術を習得するとすれば)、私は哲学者となるかわりに一文法家になったにすぎず、ただその特色は、ホメロスの代わりにクリュシッポスを解釈できるというだけのことである。誰かに、クリュシッポスを読んでくれ、といわれても、かれの箴言に類したり一致したりしているわが行為を示すことができないくらいなら、むしろ赤面した方がましである。

(1) かなり難解なストア派の哲学者、ゼノンとクレアンテスの弟子、その七百巻と称せられる著作のうち、わずかに若干の断片しか現存していない。主としてかれは有名な弁証家であって、もし神々が弁証法を使われることがあれば、クリュシッポスの弁証法を措いて他にあるまい、といわれたほどであった。

（2）今日いわゆる「学問的な意味」がしきりに求められるのは、これまたまったく晦渋な書物の存在にもとづいているのと、同様である。
（3）「芸術が衰えるとき
学問は栄える。
職人仕事がまた物をいう。
つまり知識は芸術でないからだ。」

五〇

ここで教えられること（ストア派の教説）を、法律をまもるようにまもり、いささかでもこれに違《たが》うことがあれば、極悪な所業をしたかのように思うがいい。そのため君のことを人が何と言おうと、すこしも頓着することはない。そんな事はもう君には何のかかわりもないことだ。

こうした最大の善を所有する資格が自分にはあると考えて、何事につけても非理性的な行動（理性の分別を害うこと）はやるまいということ、これをいつまでも君はのばしているのか？　君は、それに従って自身を形成すべき原理を聞き――それを受けいれた。この上どのような教師を待っているのか？　君の人間改善をそれまで延期しようとするのか？　君はもう青年ではなく、成長した人である。君が依然として自己のことをゆるがせにし、その日その日をのんきに送り、延期に延期を重ね、計画に計画を積みあげて、(1)自己を重んずる日を一日のばしにのばしていたら、君はいつの間にか進歩を取逃がし、無教養者として一生を終わるであろう。

(1) 「心が定まるのは、まことによいことである」(ヘブル一三・九)。これだけのことにかぎれば、誰でもこれには異議がないであろう。いずれにせよこれは、いかなる人の人生でも一気にそうなるものではなく、段階をなして、次第次第にそうなるものと思われる。しかし人生をして価値ある経過たらしめようとするかぎり、なんらかの道においてこれはいつかは起こらなければならない。その場合大事なことは、たんに頭脳がある理論を受けいれるばかりではなく、どこまでも心が堅く定まるということである。人間の最内奥の諸信念がいつまでも作為でなく、完全に天性とならなければならない。さもなければそれらは自身に満足を与えないし、また他の人々に感銘を与えるということもない。この信仰は、しかし、キリスト教の見方では、なんらかの証明やそれから得られた洞察の結果などでは全然なく、最初に神への心の傾きがあり(ヨシュア二四・二三)、つぎにさらに進んだ段階において、神に対する意志の決定があって、そこからおのずから生ずる結実なのである。この唯一の根拠からして、キリスト教的人生観は、およそ意志というものを持っているすべての人間に対して、その不信仰を各自の責任に帰する。それ以外には責任はありえない。このあらゆる哲学、あらゆる宗教の出発点において、キリスト教とストア哲学とは完全に一致する。ストア哲学も同様に、意志はわれわれの力の及ぶものである、という。これが否定される場合には、あらゆる道徳概念、あらゆるそうした主題の論議はまったく成立たなくなる。これに反してキリスト教は、それから先の点で人間と自己の力に依らしめておかず、むしろひとえにこの神への「回心」の一事のみを要求する(イザヤ四五・二二―二四)。この回心が誠実であればあるほど、そのはたらきは大きい。それが何かのはたらきをするためには、この回心はそれだけ一層誠実でなければならない。ゴルドンは、スーダンにおけるその艱難辛苦のただ中から、イギリスの奴隷廃止教会の一会員に宛てたすぐれた手紙の中で、書いている。「わが友よ、あなたの生活をほんとうにキリスト教に合致させるならば、それはあなたを満足させるでしょう。ところがたいがいの人間のキリスト教は、薄っぺらな、無力なもので、何の役にもたちません。午餐の御馳走の方がかれらには大事なのです……《ああ、気の毒な奴隷たちだ!》という口の下から、《上等の鮭をもう一片いかがです?》というわけです。」

それゆえ君は、完全な人間として、進歩する者として生きていくその価値を、自己に信じなければならぬ。みずから正しいと思うことは、犯すべからざる法律のように、これを行なうがいい[1]。困苦や恥辱に出会えば、いまこそ闘いの時であり、オリンピアの競技が始まって、一刻の遷延も許されないと思うことだ[2]。負けたり止めたりすれば君の進歩は阻まれるが、その反対になればいよいよ油が乗ると思うことだ。

(1) ヨハネ一三・一七、七・一七を参照。「もしこれらのことがわかっていて、それを行なうなら、あなたがたはさいわいである。」「神のみこころを行なおうと思う者であれば、だれでも、わたしの語っているこの教えが神からのものか、それともわたし自身から出たものか、わかるであろう。」当初に真理として認識したほんのわずかなことをただちに行動に移すということ、これが、より大きな認識にいたる唯一の道である。まず一切を理解し、その後にそれに従って行動を始めようと思う者は、決して始めることがないであろう。

(2) アウグスティヌスはその『告白』三巻十二章で、心の決定的転向によってのみ除去されるこの遷延状態を実にまざまざと描いている。したがって宗教の第一の要求もまた、何物かを理解せよあるいは学べ、ではなく、何物かを欲せよ、あなたの心を何かこれまでとは違う他の物に向けよ、なのである。イザヤ四五・二二、五五、マタイ二二・二、四・一七。

こうしてソクラテスは、何事につけても、理性にのみ聴従するよう努めたことによって、完全な人間となった。君も、たとえソクラテスではなくとも、ソクラテスのような人間になろうとする者として生きなければならない。

五一

哲学の第一の、最も必要な部分は、生活規準を含む部分である。たとえば「嘘をついてはならぬ」というようなものである。第二の部分は、この規準の証明の部分であって、たとえば「なぜ嘘をついてはならぬか」というようなものである。第三の部分は、前二者を確証し、説明する部分、たとえば、何故これが証明となるか、証明とは何であるか、推論とは何であるか、矛盾とは何であるか、正しい判断、誤れる判断とは何であるか、といったものである。だから、第三の部分は第二の部分のために、第二の部分は第一の部分のために存在しているのであって、最も必要な、全体の要《かなめ》をなしているのは、第一の部分である。ところがわれわれはこれを顚倒している。(1) われわれは第三の部分に停滞し、一切の努力をこれにあつめ、第一の部分をまったくなおざりにしている。だからこそわれわれは、嘘をついてはならぬことの証明はいつも手許に持ちあわせながら、嘘をつくようになっているのである。

(1) きわめて真実。ヘーゲル以後およそ哲学の研究はこの倒錯のもとに悩んでいる。したがってわれわれの世代は哲学にほとんどあきあきして、愛想をつかしているのだ。同様に法学も神学もこうした単なる形式的構成に傾いて、そのため真の法、真の宗教はたえず被害を蒙っている。

五二

つねにわれわれは次のような考えを用意していなければならぬ。(1)

(一)「さらば、私を連れていくがいい、おお、ゼウスよ、おお、なんじ、運命よ、
なんじらの眼差が私に行けと命ずるところに。
私は従おうと思う。従わなければ、
卑怯と呼ばれ、しかもなお従うよりほかにはない。」(2)

(二)「必然によろこんで従う者は
賢者にして、神を知る人。」

(三)「クリトンよ。神々のみこころならば、それもよし。
アニュトスとメリトスは、われを殺しえよう。
しかしわれを汚損することは、かれらも為しえない。」

(1) これらの詩句は、最初のはストア派のクリアンテス(ゼノンの弟子、クリュシッポスの師)の四抑揚格、つぎのは、エウリピデスの不詳の悲劇の中の言葉、そして最後のものは、ソクラテスの有名な言葉である。アニュトスとメリトスとリュコンはソクラテスの告訴者であった。

(2) イギリスには次のような表現がある。「読者よ、おんみこの語り古された物語に耳傾くるからには、悲しまねばならぬものを、むしろすすんで悲しむがよい。」

＊＊＊

以上のようなストア哲学の諸原理は、われわれの考えるところでは、あまり説明を必要としないものである。少なくとも、それらをたんに知るだけでなく、実際に自分で使ってみようと考える人には、ことさら必要がないものである。その主要原理は、最初はもちろん信じてかかるにしても、後には経験によって証明される種類のもので、徳はこの世における唯一の幸福であり、悪徳は唯一の不幸であり、総じて内面的財宝は、人間の力の左右しうる決して失われることのないものとして、あらゆる偶然にゆだねられている外面的財宝[1]よりも、はるかにまさる、ということである。[2]徳は知恵であり、悪徳は愚劣であって、両者の間には、過渡的な段階などはない。人間における最高のものは、このことを洞察する理性（nus）であり、これにつづくものとして、それを実行し、確保する意志力（thymos）がある。そして最後に欲求能力があって、これは前の二つの精神力によって正しい制限をうけなければならない。

（1）すなわち《Adiaphora》どうでもよいこと、瑣末事である。しかしゼノン自身、たとえば「病気はなんら不幸ではない」というような主張は、矛盾に逢着せざるをえないことを知っていた。しかしかれは、曲がった木をまっすぐにするためには「反対側に強く曲げなければならないのだ」と称した。

（2）この知恵はさらに細別されて有名な哲学的な四徳（堅忍、節度、勇気、正義）となる。それはキリスト教の支配した中世哲学でも、（たとえば最近ふたたびもてはやされるトマス・アクイナスによって）使徒パウロの神学的な三徳と並称された。

この高貴な、真に共和国的な見解の弱点はどこにあるかといえば、まず第一に、そうした見解を受けいれるために、すでに高い程度の理性と意志力が必要であり、これを人生でふだんに実行するためには、さらにそれ以上に必要だということ、そしてこの力を人間はまた、絶えず自己自身のうちに作りだしていかねばならぬということ、である。現代の言葉でいえば、この機械は、あまりに摩擦が多いので、利益はたちまち半分なくなってしまうのである。これは苦労のしどおしに近い仕事であり、ともすれば人生を絶望におとしいれかねないものであるが、ストア派はまたこの絶望を不都合なこととは全然考えていない。「出口は開いている」（Exitus patet. 自殺は許されている意）。われわれは、荷物が重すぎたら、いつだってこれを投げ棄てることができるわけだ。この手荒な要求には、己れひとりのみ賢い賢者の矜恃が照応している。この要求に耐えられない者（Idiot 衆愚）に対する絶対的な軽蔑と無視、その結果としての、欠点ある者や別の見解を取る者に対する苛酷、冷淡、無情――もっともこれは人間の常として、ストア派ならずともありがちなことではあるが――が照応している。ストア派は一種の哲学的兵営にひとしく、そこでは人類の優秀分子が不断の苛酷な義務遂行を課せられていて、その報酬は、高められた階級意識と、他の人間に対する支配である。

キリスト教はこれに反して、同じ結果に到達するために、まったく別の道を行く。キリスト教は、およそ人間というものには、あらゆる教養の区別なく、そのような気高い力を自分自身で展開する能力はないものと考え、そこでかれらにこの力を、いくつかの事実を信ずることの結果として、端的に、外から与えることを約束する。救いは歴史的であって、哲学的（思惟過程）ではない。それは他の歴史的事件と同様、一回的で、取消しのできない、人間の意見から独立した純然たる事実にもとづく。そして、この事実を受けいれること、すなわち信仰さえも、それを求めて手をさしのばす者に、与えられるあるものであって、しかもすべてのものに平等に、教養ある者もなき者も、賢者も愚者も、比較的有徳な者も、粗野な罪びとも何のけじめもない。

自分の力による徳というものを、キリスト教はまったく信じない。神のみこころに従った生活は、それに先立って、たえず自己中心的な傾向をもった自然的存在（それが優秀であるか粗野であるかは、なんら実質的差別をなさぬ）の完全な変革を要求する。その変革によって、以前には（実りなき）努力であったものが、いまや新しい天性に即応することによって、自然になり容易なこととなる。[1]

（1） たとえばイザヤ五五、ガラテア五、ローマ三、八、またとくにヨハネ三を参照。ローマ教会はこの点からいくらか離れた。しかし宗教改革者たちには少なくとも、この立場を完全に回復しようとする意図があった。

この二つの考え方、ストア主義とキリスト教の帰結するところは、とりわけ他の人間に対する態度において、十分明らかに出ている。しかしキリスト教の考え方は主として、自家の成熟した人生観の産物であり、人がその青春のはじめにおいてではなく、少なくとも「人生の途なかばにして」（nel mezzo del cammin di nostra vita）経験する内的苦闘の所産であることは、否みがたいであろう。[1]

（1） 日曜学校の教育を受けているような早熟なキリスト教の少年たちは、後年の生活でその確証を示すまでは、若干の疑惑を起こさせる。貴族的で誇りの高いキリスト者というのは、奇妙な、論理にあわない現象である。

その間、若い人を異教的な野卑な悪徳からまもってくれるものは、一方では、かれらがそれと知らずに生い育っている全体のキリスト教的雰囲気であるが、他方ここでは、古典哲学、一般に古典的学習と思考方法がはじまる時期であって、同時に不断の自省と意志の鍛錬をめざす自己教育が開始される時期である。こうしたものがしばしば古典的教育を経ていないキリスト者にはいちじるしく欠けている点で、キリスト教そのものに、軟弱な、たんに感情的な、時としては実に情けないような外観を与える。これは男性的で毅然とした、したがってやや自覚的でもある人々の眼には、最も非難に値するものと見えるが、しかし決してこれがキリスト教本来の性質ではなく、むしろその反対に他の何ものよりも男性的なのが、その本質である（1）。

（1）　たとえば、自殺を断然忌避する。しかもいかなる哲学よりも、他者のために犠牲をいとわない。

キリスト教はまた、人類の精英（エリート）ばかりではなく、その全体を、動物的状態から、完全な自由と平等をそなえて高度の生活に高めることを約束しうる唯一の思想であり、しかもこの約束を、古典哲学よりもいっそう高い程度に、またいっそう広い範囲において、実行してきた唯一の思想である。

キリスト教とストア哲学、この両方の考え方に共通な点は、それらが人間の意志に高い価値を置き、この意志のみが本来人間の真の所有物である（したがって幸福さえも強制されえない（1））とするところであり、また一個の倫理的世界秩序が存在することへの固い確信を要求し、この倫理的世界秩序はその原理からの背反を許さず、そのようなことをする人間の恣意には、まったく確実な、打ち破ることのできない抵抗をさしむける、としているところである。[2]

（1）申命五・二九、一〇・一二、創世四・七、一二・一七、イザヤ四四・二二参照。両者の相違はただ、ストア主義では、正しい意欲は、自己自身に対する不断の厳酷な強制であるが、キリスト教の場合は、人間の内的自然（性質）の変化による、悦ばしい必然であることである。この点については、モーセ五書へのヒルシュのイスラエル註解を指摘しなければならない。われわれの解釈にまさるものである。

（2）この点は本来実践的に最も問題となるところである。しかしさいわいにもこの定義は、あらゆる個人と民族の歴史的経験によって証明されている。すべての不正なる行為には、罰がいわばその属性として内在し、したがってこの倫理的秩序を破った者には、絶対的必然をもっておのずからこの罰が見舞う、ということを人間が確信するとき、たちまち、ある特色ある聖書註釈者が言ったように、「神の誡めは、優しい顔をする」のである。というのは、人はいまや神の誡めをきびしい掟とは見ず、むしろ神がそれによって有毒物を取り除かれる「真の予防処置」と見るからである。（ベルレブルグ聖書、ルカによる福音書第四章。）

次に、これによって、各人の生涯の大事が決定したといえる。かれは、もはやあらゆる感情の中でも最も不快なものである恐怖と憂慮が大半を占めている日毎の生活の「荒涼として、陰鬱な暗き森」(selva selvaggia e aspra e forte)の中にとどまろうとはしない。かれはそこから逃れ出る力を求めて、その発見の希望のあるところにこれを探す。いうまでもなく、それにはダンテ『神曲』の美しい第一歌のいうごとく、金銭、名誉、享楽を自己の裡に克服しようとすることが必要である。そしてこれをなすには、人間の自力ではあまりに困難であって、近代の最も純正なストア主義者たるスピノザでも（認識の形成に関する論文の中で）、こう言っている。「私は、私の思考の中ではこのことを実に明瞭に理解したけれども、しかもすべての貪慾、肉慾、名誉心を捨てることはできなかった」と。してみれば「なんじ自身を知れ」という有名な格率は、人生の幸福への道としては、まったく無益なものである。自己自身を知って、しかも同時に自己改善への確実な手段を見出さない者は、必ず厭世主義に到達するに相違ない。カーライルは「なんじの仕事を知って、これをなせ」と言ったが、この方がずっとまさっている。人間は、かれが自己改善に向かう強い衝動を手にいれないうちは、神の恩寵によって自己認識から遠ざけられ、自己讃美をたっぷり与えられているものである。もしこのことがなかったら厭世的世界観は今日、エピクテトスの時代に存在したものをさらに凌駕するような程度に達するであろう。

以上の二点に、ストア哲学とキリスト教の一致はもとづいているが、これはさらに多くの結論となって出てくる。とりわけ両方の信念に共通な見方、すなわち善をなしうるということ（これはもともとすべての人心の願うところであるが）が善の報酬であり、そして悪をなさざるをえないということ（内心の抵抗と恐怖を伴って）が、この世における悪の懲罰である、という見方となってあらわれている。[1]

（1）ツィンツェンドルフのプロイセン王フリードリヒ・ヴィルヘルム一世宛、一七四〇年四月四日の書簡参照。

現代ではストア的道徳の方が、多くの人々にとって、宗教的信仰よりもはるかに近い。信仰は、この世に対してはあまりに精妙な光を帯びていて、本来言いあらわしがたいものであり、したがってこれを言語で表現すること（いわんやこれを組織化すること）は、この信仰の持つ光を危険に陥れてしまう、と人々はしばしば考えるのであろう。[1]――一方、道徳の方は、一般的な常識、共同生活の自然な要求、また人間の持つある種の健康なエゴイズムにさえ訴えることができる。[2]

（1）ショーペンハウアーはあるとき言った。われわれの思考は、それが言葉を見出せば、すでにもはやその最も深い奥底で、真実でない、と。遺憾ながら、これは多くの内的経験の結果である。

（2）　古代哲学に対する究極の疑問を提出したのは、使徒ヨハネである。おそらくまだエピクテトスが生きていた頃であり、ヨハネの第一の手紙第五章五節に述べられている。この疑問の十分な意義は、われわれがその際にキリスト教的信仰の傾向、いわば個人を哲学者に教育するのではなく、全部の（粗野な、あるいは腐敗した）民族、愚かな者をも、教養ある者と同様に、最高の目標の到達に対して可能ならしめるという傾向を考慮するとき、はじめて明らかになる。

古代哲学は、この意味における質問に答えなかった。この哲学にとっては、いかなる時代でも、たんに哲学者たちと、まったく改善の余地のない卑俗な民衆があるのみであった。

これに対して近代哲学は、大体において、もはや使徒ヨハネが「世」と呼んだものの克服を望むどころではなく、それがおよそまだ一定の目的を持つかぎり、世と調子をあわせ、妥協するのに努めている。人は、おそらく多くの場合において、この哲学は世から克服される以上の何物も望んでいない、ということができるであろう。それはエピクテトスの苦闘を全然もはや取り上げない。

いや、これはすでに示唆したところであるが、急速に心身が成長する人生の時期、そこでは人間がたんなる物質的動物的存在に堕するのを、まず力強い衝撃によって救いだすために、あらゆる偉大なもの、美しいものへの精進努力、いやある種の野心までもが必要な過程とされるそうした時期にあっては、今日でもなおストア哲学は、宗教よりも有効な教育手段ではなかろうか？　かく訊ねることは、必ずしも不当ではあるまい(1)。

（1）　とりわけ「学校宗教」よりは効果がある。この学校宗教には、われわれは少なくともクールの州立学校以来、忘れがたい記憶を持っている。われわれの道徳教育はむしろ当時のすぐれた古典的教養の代表者たちに負うのである。

この道が最も近い道ではないことは、私は承知している。ツィンツェンドルフは、一七三八年のベルリン講演第一回の際に、この点について次のようなきわめて適切な引用をした。「信仰への最も近い道は、キリストを受けいれることである（ヨハネ一・一二）。」わが教養人たちの中でこれが端的にできるものは、するがいい。ただ、たんなる教会的形式をもってこれをしないようにせいぜい注意してもらいたい。マタイ一九・二六、一六・一七、一一・二五、七・二一―二三、二二・一一、一二参照。

この意味で天使たちは『ファウスト』の終わりで歌っている。

「霊の国に加わる気高いお一人が、悪から救われました。
常に努力して倦まぬ者を、私たちは救うことができます。」

自己本来の高い天性に対して卑怯であり、これを裏切って生きた者は、救うよしなく畜生界におちて、これと滅亡の運命をともにする。

それゆえ、今日のような、これまでにないほど、しかもあきらかに実用的な理由からして、古典的教育の適切性と必要が否定されている時代に、かかる教養こそ、経験から見ても、青年の魂に高尚な素質の発展を促すものであることを思い、ここにそのような努力して倦まぬ青年諸君のために、あまり知られていないこのエピクテトスの面影を伝えることは、私には理由のないこととは思われなかったのである。まことに、

「偉大な人々の生涯はわれらに教える、
われらもまた高貴に生きうることを。
そしてこの世を去るときは
時劫の砂に足跡を残すことを。
おそらく、他の
貧しく、よるべなき兄弟が
人生の荒海を渡るとき眼にとめて、
新たな勇気をおぼえるような足跡を。」

絶えず悪者と闘いながらも策略を使わないような
処世の道は、どうしたら可能か

理想主義というものはいかにも、大いに尊重すべき物の見方であって、とくに青年の教育に有益ではあるが、しかし後年の人生にはあまり役に立たない。こういう意見が今日、多くの人々、いや理想主義に好意を持っている人々の間にさえ行なわれていて、所詮疑うべからざる事実とされている。人々は言う。理論として、また教育のためには、この見方はおそらく多大な意味があるだろう、しかし実際においては、物事は「空間ではたがいにひどくぶつかる[1]」のであって、話はまったく別だ、と。してみると、かれらは人生を二つに大別しているわけで、一方では美しい思想や感情にふけっていてもいいというか、むしろそうしたものに鼓舞奨励されるが、他方では、そこから愕然とめざまされて、できうるかぎり現実と妥協しなければならない、というわけである。

（1）〔訳者註〕シラーの『ヴァレンシュタインの死』第二幕第二場。「世界は狭くて頭脳は広い。思想はたやすく同居できるが、空間では物事はたがいにひどくぶつかり、一つが場を占めれば、もう一つは退かねばならぬ。追払われまいと思う者は、人を追払わねばならぬ。ここでは闘争が一般に行なわれ、強い者だけが勝つ。」

カントはしかし、その小論文の一つで、すでに百年も前に、「それはなるほど理論上は正しいかもしれないが、実際には役にたたぬ」という当時の人のすでに揚げた命題が、およそ思考する人間にはふさわしくない笑止な矛盾を含んでいることを論証している（ハルテンシュタイン版全集第五巻三〇三頁）。してみると現代の徹底した「現実主義」は、この句の前半部をも捨てて、「生存競争」という露骨な観念に到達するようになったのである。この競争の中では、傍若無人のエゴイズムが許されるばかりか、現実を計算にいれる合理的世界観によって、多少なりと命令されているといっていい。現代の「現実主義者」たちは語る——だいたい現存の生活物資がとうてい万人にいきわたらないような、こんな世界秩序の中では、ほんの少数者だけが幸福に暮らすことができて、多数者は不幸にならなければならないわけだから、こうした世界秩序は万人に公平な善い秩序でありうるどころか、むしろ反対にそれは冷酷、不合理、不正な世界秩序と呼ばれなければならない。ところでしかしこれは、自分の意志をもたずにこの世界秩序の中へ投げこまれた個人の力ではどうなるものでもなく、個人はせいぜい鉄槌になって鉄敷《かなしき》にならぬよう努めなければならぬ、と。

これが今日の多くの教養ある人々の抱いている本音《ほんね》なのである。

これでは究極において、道徳教育の必要はないのである。学校における宗教や道徳の授業はすっかりやめ、サン・ジュストの天才的提案に従って、政府が毎日町角に、風紀警察的命令を掲示してこれに代えてもいいであろう。

この理論でやれば、青年たちはおそろしく利口で実際的になり、手っとり早い金儲けと出世の道だけをねらって、とかく邪魔になりがちの高潔な心情などは捨てて顧みないことになるだろう。多数の者は、そのために、若いうちから精神的、肉体的、道徳的に破滅する。他の者は、結局努力する価値のなかったもの、すなわち不安定な財産のごときものを求めてあたら青春を失ったことを後悔しても、おそらく時すでにおそしということになる。財産はたえず無数の競争者に対してこれをまもらなければならず、すべての者に、所有した者にも所有しえなかった者にも、苦い後味を残すのである。満足し、幸福になる者は、その場合、実際には誰ひとりいないのである。

これが、このもっぱら「実際的」な考え方の今日すでに明らかになったところの最終結果である[1]。

（1） ズーダーマンの『ソドムの末路』は、これをきわめて劇的に表現している。

われわれはしかし理想主義を一個の信仰、一個の内的確信と思う。これは、この世の存続のために絶対必要なものであるにもかかわらず、証明することのできないものであり、またもちろんこの確信を持つものには、証明を要しないものであって、また何びとも教説によっては、つまりたんなる理屈の道によっては、これに到達することの不可能なものである。

それ自体としてこれはかくべつ特異なことではない。人間理性の合理性にしてからが、経験によってのみ証明されるのである[1]。同様に宗教的真理も、その真理を受けいれたための結果として生じた倫理的な力が、その証明をなすのでなければ、われわれにとってついに証明されえないであろう。およそ力であれば、それは実在的としなければならない。そのほかには実在性の証明というものはありえないのである。(2) いや、われわれの感官の知覚でさえも、なるほど無条件的にではないが、しかしある正常な状態のもとでは、それに信頼して間違いがないということが、われわれ自身の経験またすべての人の経験によって保証されていないならば、われわれはこれを信ずることが到底できないはずである。人に納得をいかせるものは、経験である。人の心の中に自分も経験してみたいという願望と気分を起こさせるものは、その経験をした人々の証言である。

(1) これを容認しない人は、一度注意深くカントの『純粋理性批判』を読まれるといい。およそ世にある唯一の真に基礎的な哲学書である。人をして納得せしめずにはおくまい。

(2) たとえばキリストが、かれの教えの証明として与えているもの、またその受けいれる道として望んでいるものは、いわばこれを行ない試みることに尽きている(ヨハネ七・一七)。またいまだかつて何びとも理性的根拠によってキリスト教に回心せしめられた者はないが、われわれはその真理を経験することができるのである。しかし端緒はつねにそれを試みようという決心であり、この決心は納得することなきまま、なされなければならない。この決心をしないですますことはできない。最初に宗教の真理の哲学的証明を求めようとする者は、決して真理にゆきつかない。なぜなら、神の存在、あるいは救済に対する現在の哲学的証明よりも不満足なものはありえないからである。アウグスティヌスの『告白』は、そのような哲学と非哲学的決心の闘いの、注目すべき歴史的実例を含んでいる。キリストとニコデモとの有名な対話の主題も、これと同じものである(ヨハネ三、六・五三、九・二五、三九参照)。この決心はもちろん教養ある人よりも、心貧しい人々の方がいっそう容易である。しかし、純粋な唯物論的世界観のような冷酷で無情なものに、あるいは人類の中のほんの少数の者にだけ適し大多数の者には手の届かないような哲学、こうした世にも堪え難い貴族主義に、ただちに服従するくらいなら、どんな試みでもする方がましではないだろうか? しかし奇妙なことに今日では、キリスト教を貴族主義的なものと思っている人がもちろん非常に多い。ところが、キリスト教はほんとうは、純粋な民主主義の本来的な哲学的基礎なのである。

そのような、《実際生活における理想主義》に対する簡潔な証言が、ゲーテの若き日の友人で、後にロシアの将軍となったフォン・クリンガーの小さな述作の中でなされている。それはこの一文の冒頭に掲げた題目のもとに、いまはほとんど人の読まないかれの著作集の中にはいっている。それは次に載せるような含蓄ある内容の短文なのである。

⁂

絶えず悪者と闘いながらも策略を使わないような処世の道は、どうしたら可能か。

（一）　何よりもまずかれ（すなわち、この道を行ってみようと思う者）は、世人が成功をおさめると呼ぶところのものを全然考えてはならない。きびしく、力強く、公明正大な道を踏んで、恐れることなく、己れを顧みることなく、自己の義務を果たし、したがってその行為のいかなるものも、私利の汚点を印することがないように、心も精神も清らかでなければならぬ。

ひとたび公正と正義に関しては、事の大小と軽重は問題にしてはならない。

（二）　第二にかれは、己れを守り、純粋な態度を保持するために、およそ人前に輝こうとする欲望を捨て、浅薄な虚栄心と心を乱す名誉心、権勢欲を去らなければならぬ。こうしたものに絶えず衝き動かされるため、人々はこの世の舞台の上で、その愚行の大半を演じ、目差す相手や仲間の者を手痛く深く傷つけるが、これは、強く一本気な、いや無鉄砲なほどの徳行が人を傷つけるよりも甚《はなは》だしいのである。……

（三）　第三に、そのような心情の人は、かれの義務が要求する時とところにおいてのみ、この世の舞台に立ち現れるべきであって、その他の場合には一個の隠者として、その家庭の中に、わずかの友人の中に、書物の中に、精神の国の中に生きなければならない。

こうすることによってのみ、かれは、世の人々が寝ても醒めても取り組んでいる瑣末事のことで、人々と衝突を起こすことを免れる。またこうすることによってのみ、かれはかれの風変わりな生き方を大目に見てもらえるのである。つまりかれは実際、人の場所を取るでなく、社会を自己の価値で圧迫するでなく、義務の遂行後はまた安穏に暮らさせてもらうという以外社会から何も要求しないからである。

それでいてなおかれが嫉妬をまねいたり、憎悪を掻きたてたりするならば、これはどの場合も非難者自身が好んで口に出さないこと、すくなくとも非難される人の面前で敢えて非難できないことにもとづいているのである。

さてしかし、ここまで行けた人は、この世で実にいろいろなことが成就できることになる。自分で思い設けず、目的として意図しなかったことであるが、ついには人々が広い意味で幸福と呼んでいるものさえ、かれは手に入れることができるのである。……

（四）　私はただ次のことを付け加えておく。かれは、あらゆる（恣意的な）改革主義者とその徴候に対して警戒しなければならない。たんに意見しか持たない人々と、決して意見について争ってはならない。自分自身のことは、ただひそかに、というのは心の奥底でのみ、言ったり考えたりしなければならない。

私は私の性格と内心を、力の限り素質の許すだけ伸ばしてきた。そしてこれを真面目にかつ誠実にやってきたから、人が幸福と呼び、出世栄達と称するものが、おのずからやってきた。

私は私自身を、他の人以上にするどく、仮借なく観察し、取り扱ってきた。……私は決して芝居をしなかった。そうした心を起こさず、つねに自分の獲得し堅持してきた性格を、おそるるところなく表現してきたので、いまではそれと違ったあり方、行動の仕方をするかもしれないという懸念ももはや感じない。他人の誘惑に対しては、われわれが自己自身をもはや誘惑できなくなったとき、はじめて安全である。——多くの職務がこの身に課せられたのであった。しかしそれらを果たしたのちは、私は余暇をこの上なく深い孤独と能うるかぎりの簡素な生活の中ですごしたのである。

＊＊＊

以上の、とくに政治的生活に訴えるところの多い体験的信条を述べた人は、これになんらの哲学的基礎づけを与えようと試みていない。かれはたんに、その波瀾の多い、ある部分は冒険的ですらある人生行路の帰結として、これを差しだしているのである(1)。またそのようなものとしてこの信条は、およそ実生活とは縁遠い哲学者あるいは神学者の書斎の産物よりは、われわれにとってはるかに価値があるのである。

(1) フリードリヒ・マックス・フォン・クリンガーは、一七五二年フランクフルト・アム・マインにおいてある貧しい家庭に生まれ、ギーセンで辛うじて大学の課程を終えたのち、まず旅回りの演劇団の座付作者となった。その後、バイエルン王位継承戦争の際に義勇軍に加わり、ついでロシアのパウル大公（後の皇帝）の侍講兼旅行随員となり、貴族幼年生徒団、帝室侍童団および貴族女学校の長となり、アレキサンダー一世のもとでは、ドルパート大学の管理者ともなった。これらすべてのきわめて困難な地位にあって、俳優、皇子、専制君主、貴族の侍童、上流の令嬢、外交官や大学教授ら、およそ付き合うのに楽でない人々と交際し、カタリナ二世の宮廷のようなまったく腐敗しきった、きわめて悪質な野心家の充満している宮廷において、クリンガーは常に公明正大な性格と道徳的勇気を保持していたので、同時代の高い尊敬をかち得たのであった。ゲーテは『詩と真実』の中で、クリンガーのことを次のように述べている。「すぐれた性格を曲げずに貫くということは、しかし、それが世間的、実務的な生活を閲《けみ》してもなお保たれ、在来の因襲に対する態度も、多くの人には冷酷に、いや無理押しのように思われようとも、いつも適切な時機をとらえていることによって、きわめて確実に目的を達するのであってみれば、それだけに一層値打ちのあるものとなるのである。このことがかれクリンガーの場合には事実であった。かれは柔軟性（それはもともとドイツ国民に生まれついたものの美徳では決してなかった）などは用いずに、外国の枢要な地位にのぼり、それにとどまることができ、その最高の庇護者たちの称讃と恩恵をうけて活動しつづけたのだが、その際にも決してかれの旧友や、かれが踏んできた道を忘れなかった。」なお晩年にもゲーテはクリンガーの諸著作を研究した。それらは「私に、まったく独自な性格によるあの不壊《ふえ》の活動を、実に個性的に想い出させた」。そのような生涯をみちびいて成功と名誉をもあわせ得させた哲学は、注目すべきものといわなければならない。

ドイツ詩人としては、クリンガーは疾風怒濤期の詩人に数えられている。この名称自体かれの戯曲『疾風怒濤』に依っているのである。しかしかれの作品はもはやほとんど読まれず、文学史に残るだけである。

したがってわれわれとしてもこうしたものを抽象的なものに書き直して薄めてみたところで、われわれ自身にさえ格別納得がいくわけでもないので、ただ二、三の同じようにきわめて実際的な補註を加えるだけに止めたい。

第一節について。――ほんとうの理想主義はあきらかに、われわれが現実からすっかり遠ざかり、自分の夢幻世界に閉じこもることによって、現実をごまかしたり、あるいはこれを故意に無視したりすることにあるのではない。むしろそれは、われわれが普通の場合よりも一層深く世界を把握し、これを克服するところにあるが、その克服は、まず自己の内部においてはじめなければならぬ。なぜかというと、われわれは本来これまた一個の世界であって、まずこの世界が確固たる原理と良い習慣によって克服されないかぎりは、大きな世界の克服の可能性もないからである。(1)

(1) われわれ人間を大別するものはまず次のような相違である。すなわち、人生は快適に暮らすためにあるものと見るか、あるいは、正しい行為をするためにあるものとこれを見るか、ということ、これである。これが人間の心構え全体を支配するのである。後者を取ることを決心する者は、さらに正しい行為をすることができる道を見出し、ついに正しい行為をする習慣に到達しなければならない。この習慣にいたってはじめて決定的なはたらきができるのである。他の見方の人々には、一切の哲学、道徳、もしくは宗教も、かれらを真の生活にみちびく何の助けにもならない。それらに対して、かれらはつんぼか、死人も同然である。しかしそうした人々は今日大勢おり、すべての攻治的、教会的党派にいる。しかしわれわれは、クリンガーのような大経験家でも、ただ「どうしたら可能か」といっているのに注意したい。それは決して容易ではないのである。

ここからいわゆる「成功」に対する正しい評価が出てくる。クリンガーはその第一節で、この成功のことを言おうとするのである。現代の一人物（ティエール）、その人はかれの生涯のある時期にはかなり汲々として成功を追い求め、また高い程度にこれを誇りえたのであるが、それにもかかわらず、時には良いことを言った。「主義の人には成功は問題でない。成功が条件になるのは、小器用に立ち回る連中にとってだけだ。」これは一面からいえば、こういうことになる。いわゆる成功、さらに適切にはフランス語の成功《シュクセ》として、多くの人間が努力目標としているものはわれわれのいう無疵に世に処するということとは別である。この意味の成功に賭けるものは、心の平静、自己自身および他人に対する平和、また多くの場合に自尊の念をも最初から捨ててかかるだろう。人生における真の成功、すなわち最高の人間完成と真実の有益な行動への到達には、いくたびかの外面的な不成功が属していることは、必然的とさえいって[1]いい。

(1) 現代の最も幸福な人間の一人であるブリンツ教授は一八八七年に歿したが、故人を追悼する一文の中に、これと同じ思想に出会ったのは、われわれのよろこびである。曰く、「かれは、時にわれわれの意志に反したことが起こるのを、世界秩序に属するものと見做した。そしてそうしたことを、われわれの精神にとり有益な善いことだ、と思った。われわれが罪もないのにこうむる災厄とか苦痛とかは、われわれが一方すこしも値せずして受けている多くの幸福に対する償いたるべきものと考えられる。それは人間完成の道程において魂を浄め、強める」。徹底してこう感じる人は、人生の最も困難な部分をすでに脱却しているのだ。

人間は成功によって「誘惑」されるのだというスパージョンの言葉は、その表現が最初はちょっと意表をつくが、正しい言葉である。称讃は、人の内部にひそむ傲慢を引き出し、富は我欲を引き出す。どちらも成功がなければ隠れたままでいただろう。成功によってそれらは、その萌《きざ》しがあるかぎり、大きくなってくる。

一般に成功は人間の悪い性質を、不成功は良い性質を引き出す。これは容易に観察できることである。

エゴイズムから脱出した結果を、スパージョンはいささか奇抜だが、しかし正しく、次のように描く。「諸君が自我を抜けだしたら、今度はどこへ踏みこむだろう？　無限界へ、だ。無限界に到達した人は、もう計算というものがいらない。ひとたび完全に自分自身から脱却すれば、もう限界がないわけである。」

それゆえ「世に処す」とクリンガーが言っているのは、最後的に見た上での、あるいは全体として見た上での勝利をかちえるところの誠実な生涯の活動であって、これは勇敢な、誠実な人間だけが希望しうるところである。成功の連続というようなことは、臆病者にとってだけ必要なのである。いや、われわれはさらに一歩を進めてこう言うことができる。事柄そのものが大きな意義のあるものであるならば、最大の成功の秘密は、不成功にある、と。最大の魅力を持ち、長いこと全国民に追想されているような人々は、決して成功によってそのような偉大な人生目標に到達したのではない。シーザーやナポレオンは、ブルータスやワーテルローの戦いやセント・ヘレナ島がなかったならば、歴史上たんに暴君として残るであろう。オルレアンの少女も、その殉教がなかったならば、いくらもいる実行力ある女性にすぎないだろうし、ハンニバルもカルタゴが勝ったとしたら、耐えがたい存在であるだろう。スラやアウグストゥス帝は、ローマ史上最も成功に輝いた人々であるが、かれらの伝記を読む者は内心の嫌悪の情をいかんともすることができない。ワシントンはあまねく人気のある英雄にはならなかった。ロバート・リー将軍は、後世の歴史上名誉の栄光でとりまかれているが、それはユリシーズ・グラント将軍には与えられず、アブラハム・リンカーンでもその悲劇的最期によってのみこれを手に入れたのである。英国のチャールズ一世のような虚偽の裏切者が、今日もなお多くの人々から尊敬されているのに、一方近世史上最も英雄的な人物たるクロムウェルは、かえって憎まれている。もし後者が断頭台上で死に、前者が成功をかちえて死んだならば、かれらの役割はひっくり返ったであろう。皇帝フリードリヒ三世の生涯もそうした一例であり、将来になって、現代よりもよりよき時代がくれば、ますますそうしたものとなるだろう。(1) あらゆる実例中最大のものは、十字架を、すなわち当時の処刑台を、全世界にとっての名誉のしるしたらしめた者である。ローマの世界帝国はそのために滅亡したのである。もし当時のユダヤの法律学者がキリスト教を容認しうるものと考えたら、まったく人間的、非神学的に見ても、キリスト教のあの実に比類のない成功は、とても可能なこととは思われない。

(1) 高邁な人物が不成功のためだけで、精神的に破滅するということは、まれだろうが――少なくともわれわれはそのような例を知らない――、それに反して早すぎた、あるいはあまり申し分のない成功のために破滅した者は無数である。人間本性にしても永劫の幸福感にはさからうものがある。それゆえヘーゲルが、個人的幸福というものは深遠な人物には、ある種の憂愁と結ばれており、それはかかる幸福が必ずしも正しからざるものたることを示す、といっているのは至言である。したがって、相対的に最も幸福な人々とは、個人的エゴイズムでない何かある偉大な思想にわれを忘れてまったく没頭する人々のことである。その次は、たとえばクリンガーのような、適度を守りきる人々である。後者は自己の力の及ぶかぎりの成功をおさめるが、前者は幸福になるために、かくべつ成功を必要としないのである。

非常に幸運な人間に対して、われわれは本能的に、かれらは通常の意味の善良ささえ持たないのではないか、という疑念を抱く。この感情にはそれだけの理由があり、これを現代のある著名な人は次の言葉で表現している。「苦悩を知らずしては、われわれの善良さは花にすぎない。苦悩こそ、はじめて花を実とならせ、仮象より本質にいたらせるものである」と。

こうした不成功の幾分かが、すべての真実な人生目標にはつきものなのだ。若い読者よ、あなたがありきたりの平凡な生活で人生を失うまいと思うなら、このことを覚悟しなければならない。しかしこの種の不運は、もはや不幸という月並な名称ではなく「十字架」の荊棘《いばら》の冠をいただいているものである。これもたしかに冠であって、王者のしるしたるを失うものではない(1)。

（1）　機智にとんだ侯爵タレイランが残した数々の逸話の中で、人間に対するかれの正しい把握をいかにもよくあらわしているものの一つは、次のものである。ある新興宗教の教祖——思い違いでなければ、「敬神愛人道」の創始者ラルヴェイレール・ルポー——が、タレイランに自分の思想を説明して、これによってキリスト教に代えようという考えに同意を求めた。するとタレイランは、ほかにはまったく申し分がないがただこの新しい教えが決定的に成功するには、まだ一つだけ欠けている点があると思われる。「キリスト教の創始者は、その教えのために十字架にかかったが、あなたもそうなされてはどうか」といった。
　そのころは、理想主義そのものが最も蔑視されていた時で、しかも篤信者からも俗人からも、教会からも国家からも一様に軽んじられていた。それ以後理想主義はだんだんとこの完全な汚辱から回復してきた。そしてすべての真の人道主義、国家や教会の中のすべての真の団結も、それらが内面的支柱を持とうとするかぎり、理想主義にもとづかざるをえないのである。同じ理由からして、すべての原理的に非理想主義的な志向を持った人たちは、理想主義の名を聞こうとせず、何よりも先に世界からこれをしめだそうとする、このことはそれ自体としてあまり大したことではない（おそらく成功しないから）。キリスト教がひどくあいまいなものになって、多くのすぐれた人たちが、キリスト教をいつも見そこなうということが起こらないかぎりは。

　第二節について——。ここで付け加えることができるのは、「野心的努力家」は決してかれのほんとうの目的に到達しない、ということである。いかにもある一点にたえず向けられた人間の注意と精力は、時にはいかにも驚嘆すべきものをなしとげるもので、その実例はいたるところに見受けられる。しかし、ほんとうは、これら人間の求めるものは、富でも名誉でも権勢でも学識でもなく、かれらはこれらのものを、幸福感の必須の前提条件だと考えているのである。かれらが富によって幸福にならないのみか、反対に不幸を感ずるのだ、ということ、これを十分腹の底まで納得をいかせることができれば、かれらは十中八九その野心的努力を放棄するであろう。あらゆる「野心的努力家」の中で、知識人型が最も不幸なものである。かれらがよじ登ろうとする梯子のまだ下の段にいるときは、自分より高いところにいるすべての者への嫉妬感に苦しむ。あらゆる感情の中でこれほどみじめなものはなく、われとわが眼にも自分の価値が最低と見える。かれらがすこし高くのぼれば、なおその上に後進の連中に対する不断の恐れに苦しめられる。後進者の考えや意図は、自分の経験から推して、わかりすぎるくらいわかっているからだ。これに対して党派を組んで身の安全をはかれば、今度は落ちそうな者はつき落とそうとする仲間の裏切りを防ぐのがむずかしい。ついには、つきまとう内心の不安を、享楽の力でまぎらそうとすれば、そのため己れの位置を守るのに最も必要な資格がなくなる。その上、好機会というものがまた決して多くはめぐってこない。十人の野心的努力家のうち、せいぜい一人が求めるものを手に入れる。またこうした「幸運組」にしても、その多数は、棺を蔽ってみなければほんとに幸福だと羨むことはできない。実例は新聞を見ればいくらも出ているから、われわれは挙げるまでもないと思うのである。[1]

（1） そのかわりに、せめて近代のある政治家の美しい手紙を引いておきたい。
ベルギーのレオポルド一世の手紙（一八三五年、コーブルクのエルンスト公宛）
人生の最も美しい目的は、できるだけ多くの善事をなすことである。キリスト教の真意が求めるところは、人が虚飾を去って、人生のいかなる瞬間にも好意を忘れず、神と人とに対する謙虚をもって、他者の違命に働きかけることにある。およそキリスト者たるに値いするのは、この美しく柔和な宗教の教えを、たえず実際にも生かす者だけである。これが完全にできるということは、欠陥の多い人間の性《さが》として、至難の事ではある。とはいえ、幾多のことは果たしうるし、また果たさなければならない。

公けの立場にある者にとって、なお二つのことがすこぶる大切である。真実であること、ならびにきわめて公正であること、これである。……今日では教育が普及したので、知識や教養の点では、そうやすやすと頭角をあらわすことができないくらいである。しかし、いかなる時にも少しも変わらない、信頼すべき公正真実な性格となると、これを厳密に吟味すれば、極度に稀有である。かくのごとく善良、公正、真実である人物が、こうした資性によって、ある地位につくならば、このゆるぎなさは、かれの同胞の尊敬をあつめ、また何にもまさって、かれ自身に、人生の幾多の波瀾の中できわめて必要な魂の平和を与えるのである。この魂の平和を欠いては、人は、たとえ大きな成功をおさめても、なおみじめな気持ちから免かれないものである(コーブルク公爵回想録)。

十九世紀の最善の、また最も成功した攻治家の一人が述べたこの言葉は、もっぱら教養と、そうじた道でだけ頭角をあらわそうとする現代にあって、十分考慮されていいものである。

すでに古代イスラエルの一預言者は、この通常の生活と努力がほとんど満足をもたらさない結果を、古典的な言葉で述べているが、これは今日そのまま繰り返すことができる。

「あなたがたは自分のなすべきことをよく考えるがよい。あなたがたは多く蒔いても、取入れは少なく、食べても、飽きることはない。飲んでも、満たされない。着ても、暖まらない。賃銀を得ても、これを破れた袋に入れているようなものである。」(ハガイ一・五、六)

利己的な努力ほど、人を疲れさせるものはない。その際に発揮される力は、病熱の上昇以外の何物でもなく、それは力の資本を食いつくしてしまう。たえず新たにみなぎってくる健康な力は、大きな目的にささげた非利己的な活動から生ずるのであり、しかもこのような場合にのみ、他の人々からも誠実な援助を期待することができるのである。このことはまた、なぜある人々は始終つづけて保養もせず、しかも健康で長生きするのに、他の人々はその反対に、半年も、一年も、何の効果もなく温泉場ですごすのかということの、真の理由でもある。現代の多くの「神経的」病患は、大部分こうした原因によるのであり、それはまた精神と意志の健全化によってのみ癒《いや》されるものなのだ。

第三節について。――ある程度の孤独への愛着は、じっくりした精神的発展のためにも、またおよそ真実の幸福のためにも、絶対に必要である。実際に到達することのできる、人生のあらゆる偶然事に左右されない幸福、それは、大いなる思想に生きて、そのために落ちついた仕事を不断につづけていくことにある。これはおのずから、あらゆる無益な「社交性」をしめだすことになる。「その他一切は、結局空しく、甲斐なきことにすぎぬ。(1)」こういう風にしてのみ、われわれは次第次第にあらゆる「気分」の類から脱却し(2)、人々をもはやあまり気にかけず、むしろかれらの意見や好悪が変化するのを、虚心平静に観察することができるようになる。また、人々が尊重するものを、好悪の問題にすぎなくて、自分の職業的義務と矛盾しないかぎり、これを求めるよりもむしろ避けるようになる。(3)

(1) 周知のようにゲーテの言葉であるが、かれはこの言葉を次のように使っている。真実なものは「事物への関心」であって、その他一切は「空しく、甲斐のないものだ」と。われわれはしかし、この思想が十全に正しくあるためには、この「事物」がもう少し立ちいって規定されなければならないと考える。

（2）　幸福に生きようと思う人は、かれの「気分」から、何よりもまず、完全に、解放されなければならない。人間の心というものは実際、己れを知る人なら誰でも経験するように、一個の欺瞞的な「強気《つよき》に出るかと思うと、弱音を吐く代物」である。したがって、あわただしく去来するその示唆に従うよりも、むしろわれわれが平静な時に思惟と行動のために決定した原理に則る方がまさっている。同じように、他人との交際においても、かれらの気分をあまり高く評価せず、むしろかれらの変わらない性格をもっぱら顧慮するのが、正しい処世智というものである。沈黙をまもるなり、あるいは友誼的に「どうしたものだろう。ひとつ考えてみよう」（一種の個人的な国民投票に訴えるわけである）という行き方がしばしば厄介な問題を解決するので、それを何でも即断的に決定すると必ず失敗することになる。そうした精神の平静、いわば表面の動揺に対立する心の深海の平静は、経験から見て、そこに明白な義務が存在するかぎり、力のこもった行動を決してさまたげるものではなく、むしろ反対に、あらゆる真実かつ永続的な決意の根源なのである。

　以上はもちろんだいたい友人などとの交際についてであるが、敵をどう取り扱ったらいいか（かれらの仕方に従って、すなわち眼には眼を、といくか、あるいは、自己の仕方に従って、少なくとも憎悪と復讐感を持たずにいくか）、これについては、まったく誠実な人々の間でも、非常に意見がわかれている。しかしだいたいにおいて、われわれはこう言うことができる。すなわち、神を真に信じている者は、敵を決してそれほどにひどくは恐れないであろう。そしてまたその逆に、神をおそれない者は敵をひどく恐れる者である。人間へのおそれと神へのおそれ（後者はあまりにも神学的な言葉となっているが、今はまったく文字どおりに取る）は、たがいに相容れない。かかる信仰がなければ、すべての人間を、寛容と同時に毅然たる態度をもって遇するということは不可能である。

　最後に一般的な「大衆」との交際については、かれらの作り出す人気に対する過小評価と過大評価の間の正しい中庸を、プラーテンの言葉がたまたま言いあてているように思われる。「大衆の判断は、君を慎重にさせても、決して臆病にさせてはならない。」

（3）　ここのところが、人間の幸福における眼目である。しかしこれが正しく行なわれることは実にまれであり、非常に多くの人がなお、無数の経験にもかかわらず、またキリストのきわめてはっきりした、いやむしろ峻烈とも言えるような言葉（ルカ一六・一五、なおルカ一二・二九、第一コリント一・二六―二八、ガラテア二・六参照）にもかかわらず、宗教的敬虔と高貴栄達の感情が結びつきうるかのように信じていることは、驚くべきである。あのようないとも断固たる言葉をまったく無視するその同じ人々が、その反対に死刑を擁護するとかアルコール飲料の絶対禁止とかそれに類したキリストが一語もいわなかった二義的な事柄のために熱中しているのである。

第四節について。――この最後の節はクリンガーの人生哲学の要約といったものである。人間の人生行路は、個々について見れば、十人十色に見えるが、これを大きく見れば、やはり非常に似たようなものである。一部は、意識的にせよ無意識的にせよ、高い身分にせよ低い身分にせよ、動物的存在をいとなむ。それは短い一生の間、生理的自然によって指し示された道をたどり、それよりほかの使命などはとんと知らない[1]。これに反して他の部分は、このような心満たされない人生観からの脱出を求める。このより善きものを求める人たちの人生行路を、ダンテは『神曲』の第一歌でこの上なく美しく描いているが、こうした魂の発展はすぐれた人間のすべての内面的な人生記録の対象となっているものである[2]。出発点をなすものは、通常生活に対する不満、より善きものへのあこがれである。ここに理性は人生の迷路から脱出しようと努めて、ついには「奔命に疲れ」、安らぎに達するために、いかなる代償を払っても、世間の道から離れようとする決心を敢えてする。この決心がつくとき、人は救われたと思い、正しい道にめぐりあったときにいつも感じられる内面的な快感をおぼえるのである。かれはまさに本質的な意味の正しい道に出会ったのである。なぜなら、これまでかれが自己の意志をもって押えてきた新しい精神的な力が、ここに何の妨げもなく流れだして、かれをうごかすからである（3）。しかしここで事実上第二の段階として、使徒パウロのいわゆる古い人と新しい人との間に、長い争覇戦がはじまることになる。この二人が同時に存在しているのである。大事なことは、このときに、後者をしっかり育てて、決して中途半端なものに終わらせないことである。この第二段階ですでに、多数のより善きものを求める人々が生涯そのままで踏み止まってしまう。そしてこれが、なぜあれほど多くの、その方向において誤っていない人生行路が、他者にあまり影響を及ぼさず、一般的な人間関係の向上に寄与することが少ないか——もっとも目立たないことも多いが——ということの理由である。精神生活の第三段階にいたってはじめて、それが一般的に実現された場合、すべての人間関係が正しく調整されるということになろう。

（1）この見方に徹すれば、もちろん「生存競争」は意義をもってくる。これはある程度（それも絶対的ではない）動物界を支配しているものである。しかしわれわれとしては、喰うか喰われるかよりほかに選択の余地のない世界には生きたくない。そして、人類はかくも悲しむべき、人間を踏みにじった見解から脱却するのが必要だと信じる。この絶望的な思想を抱いて生きるほかにも、生き方がありうるという見解の、ほんのわずかの片影でも見えれば、そうした運命におめおめ屈従する以前に、この道を試みなければなるまい。事実、人類がつねに新たにそのような運命をかなぐり捨てようとしなければ、とっくの昔に国家秩序はもはや存在しなくなっているであろう。もっともかの見方からすれば、国家秩序は弱者に対する強権の持続的な支配と組織というわけである。

　しかし、このペシミズムの最悪の点は、それがやりきれない、不幸な理論だということではなく、むしろそれとしばしば結びついている空虚な自己投影、すなわち道徳的インポテンツを意味深いことと思い、一切のものを、あきらかに自己をも含めて、劣悪と感ずることこそ真の高級な精神なのだと、他の人々をも説得にかかることである。この点においてこそ、現代青年の教育ははじめられなければならない、と私は信じる。それには、理性と経験にもとづく倫理的世界秩序の理念から発することが必要であり、これに対すれば唯物論は、少なくとも同様に証明不能であって、またいずれにせよ何びとをも精神的に満足させない理論である。世界が一個の混沌であり、偶然の形成物であり、その究極原因においては不可解な、いわゆる自然法則による産物であるか、それともある倫理的な意志によって支配されている秩序であるか、われわれはこれをどちらも知ることはできない。しかし後者の方が、そのような倫理秩序に従おうと思う者には、はじめからより真実と思われる（ここに理解を困難にする点の大部分がある）。またそのような従属は個人個人にとって幸福と満足を意味し、その反対は不幸と内面的分裂を意味するということを、かれはただちに悟るであろう。そのような世界秩序の実際の存在は、すでに述べたように、哲学的に証明することはできない。すべてのいわゆる証明なるものは不十分である。かかる存在はその結果において経験されなければならない。しかし、ずいぶん教養のある人々さえも、こうしたすべての思考と行動が依存するような根本問題については、懐疑を抱いたままで生涯を送り、あまつさえ懐疑は高級な教養につきものなのだと思いこむにいたっているのは、実に悲しむべきことである（列王上一八・二一、ヨハネ一五・二二—二四）。いくらか違った言葉で、このことをゲーテもまた、しばしば引用される箴言の中でいっている。「思索する人間の最も美しい幸福は、探究しうるものを探究しつくし、探究することのできないものを、静かに尊敬することである」と。しかしゲーテの尊敬者たちの多くは、「平気で取除けることである」と読んでいる。

（2）こうした注目すべき人生記録を集めたものの中では、かつてテルシュテーゲンによって編集されたものがある。内面的な人生行路のすぐれた寓喩的表現は、バンヤンの『天路歴程』とシュティリンクの『郷愁』である。ウリッセス・フォン・ザーリス・マルシュリーンによっても、そのような寓喩が書かれている。これはあまり人に知られていないが、チューリヒからグラウビュンデンを通ってイセオ湖にいたる徒歩旅行に託してあって、同時に百年以前のこの道の状態を手に取るように描いている。しかし何といっても最も美しいものは依然『神曲』である。すでに人生の経験を積んで、かなり成熟した年齢にさしかかったとき、心ある人間が読むべき最上の書物である。

（3）それゆえ、旧約聖書も新約聖書も、人間から、この一つの「回心」、唯一の意志作用のみを要求して——決して「改善」を要求しない。かかる見方によれば、人間はそもそも善くなったり、善くならせられたりすることはないもので、ただ自己自身を捨てて歩み出て、より善き本性を受け取ることができるだけである。これが、キリスト教の秘義、公然たる秘義、しかも多くの人にとっては深く隠されている秘義である。

この第三段階こそ結実である。それはあるいは壮大な建築に比せられたり、あるいは厳粛な軍務に比せられたりする精神の国への共同作業である。この段階のみが、かくして、個人的にも満足を与える状態であって、他にはありえない。

人間がただ自己のために生き、最も高貴な意味にせよ、もっぱらかれ自身の完成を念頭に置いているかぎりは、かれは依然として、以前のエゴイズムの苦々しさを想わせるものを、あるいはゲーテのいわゆる「人間は努力するかぎり、迷うものだ」という言葉にあらわれているような薄闇を想わせるものを、どうしても感じるものである。この自分自身のための努力は、いつかはやまなければならぬ。レッシングの「真理へ向かっての永遠の努力は、真理そのものの所有にまさる」という格言を人々は大いに讃えるが、これよりも不真実なもの、結局において絶望的なものはない。まさに永遠の渇きや永遠の凍えは、爽やかな泉や万物育成の日光よりもありがたい、と主張するのと同じくらいの不条理である。

この宗教的ないし哲学的な不安動揺にまったく対立する状態は、不断の内的満足と力[1]の充実した状態である。しかしこれはまず深い謙虚と、一切の自己快楽の消滅の裡に出現するものであり、しかもあらゆる自然的苦悩とも相容れうるものである。これこそ、人間存在のおよそ到達しうる最高段階なのだ。もちろん、この幸福状態の何たるかをひとに理解させるのは、ほとんど不可能であろう。この幸福は、絶えず自己に頭がとらわれていることからの解放（ローテの言うように「私事無用」）であり、落ちついて自己の仕事を、たとえ必ずしも眼には見えなくとも、その成果があると完全に確信して、行なうところにある。(2) この道程に伴う勇気は、この第三段階にあっては、もはや以前のように、ある種の発熱状態にもたとえられるような、また実際若干の場合にはほんとに発熱もする(3)一種の興奮状態としてはあらわれず、むしろ外面的にはまったく冷静な、落ちついた様子を取るが、これは不動の中心(すなわち己れの道と運命に対する確固たる信頼)にもひとしく、すべての出来事、とりわけ人々のあらゆる批評の類もこれをゆるがすことはまったくできないのである。(4)

(1) 典拠個所、ヨハネ一〇・一〇、一六・三三、マタイ一一・二九。
たえず自己の「信仰」を深めることのみ願って、宗教的儀式や会合への機会を十分つくりだすことができないプロテスタントの無為の聖者たちは、たえず祈禱しているカトリック僧団と同様の大きな錯誤にとらわれている。そのためかれらにも、「神にそむいた者」と同様、魂の平安が欠けている。

(2) この状態の最高潮は、とくにルカ五・一七、一〇・一七、一九、一一・三六、ヨハネ七・三八、八・三一、三二、五〇、五一、に描かれている。この状態が自己完成の状態ではなく、むしろ他の力の発露であることは、とりわけヨハネ五・一九、二〇、三〇、一四・一二、第二コリント一二・九から明らかである。

(3) このような恍惚状態は(およそ一切の宗教的興奮と同様)、教会のある一部が見なしているような、とくに進歩した内的状態のしるしなどでは絶対にない。そうしたものはきわめて卓越した人々の場合にも起こらず、あるいは少なくとも、その後年に至るにつれて次第になくなってくる(たとえば、第二コリント一二・二参照。「十四年前に」とある)。換言すれば、これはせいぜい通過点である。カトリック教会の法悦的聖者の一人である聖女テレサは自身このことを非常によく知っていた。たとえばかの女の教父アルカンタラの聖ペトルスのことを描写した場合などにそれがでている。(かの女の自伝のハーン伯爵夫人による独訳、一七〇頁参照。)

(4) このような状態を述べた一女性(尼僧ジャン・マリー、一五八一年生まれ)はこういっている、「自己およびすべての人間に対する信頼を放棄することは、魂に、この世で得られるかぎりの最大の幸福を与えます。これこそ古い人を脱ぎすてる（更生して善に就く）ということです。……人は、俗世を捨てれば、そういう風になれると、最初は思います。しかし、私たちは最大の敵を私たち自身の中に持っているのです」と。これがまた疑いもなくクリンガーの信念の最内奥の核心であった。

しかし、人間に対する信頼を欠くことができるためには、神の正義に対する非常な確信にみちた期待が必要である。これは実際このような著述家のすべてが要求するか、あるいはむしろ前提としているところである。前に引用したのとは別のイスラエルの預言者は次のように表現している。「あなたがたは言葉をもって主を煩わした。しかしあなたがたは言う、《われわれはどんなふうに、彼を煩わしたか。》それはあなたがたが《すべて亜心を行なう者は主の眼に良く見え、かつ彼によろこばれる》と言い、また《さばきを行なう神はどこにあるか》と言うからである」（マラキ二・一七）。換言すれば、神の正義あるいはそのようなものの存在からして疑うということは、悪そのものと同様な神への冒瀆であり、多くはたんに悪の結果なのだ。

内面生活の持ち主で、あらゆる時代、宗教、社会を問わずお互にまったく似通っているひとかどの人々の人生経過を、簡単に要約することになれば、こうであろう。「人生のはじめに、人は何が利口なことであるか、と問い、それに従って行動する。ある者は成功し、それなりになる。成功しない他の者は、何が善いことであるか、とたずね、そこにかれらの満足を求める。これはしかし傲慢におちいる危険に面する。このことを機を失わずに悟った者は、より高いみちびきに従って行動しようとする。この道はしかしきわめて狭く、まず《謙遜の谷》を通っていく。」

以上述べたところは、これに似通った経験を自身持っていない人々には、空想的と思われるおそれがある。青年の教育にあたって、こうしたことが触れられないのは、あまり責めることはできない。こうした事柄にはとかく空想が混入しやすく、少しでも純粋がそこなわれると、とりかえしがたい邪道にたちまち人をみちびくことになるからである(1)。純真な人にのみ、神はかかる道を許したもうのである。クリンガーもあきらかにその一人であった。

（1）この理由からカトリック教会はすでに昔から福音書の一般的使用を禁じ、微細な点にわたって規定した教義と、僧籍の学者や解釈家の権威をもって、これに代えた。しかし、「聖者」たちの述作は、大部分この制限を超えているのである。

小さな子供に宗教的教義をつめこむことも、われわれは教育的誤謬と考える。通常これはキリストの言葉の完全な誤解に発しているのである。キリストが幼な子を「抱き、祝福された」とはあるが、直接かれらへの話しかけや教え、ないしはわがあとに従えという要求などは全然ない（マタイ一八・二、マルコ一〇・一六、ルカ一八・一六参照）。子供たちの必要とするのは多くの愛と模範であって、宗教的教義ではない。たいがいはしかし、前二者が少ないだけに、その割合だけ後者がきわめて多い（実際また安直でもある）。そうして子供たちが宗教を独力で用いることができる時期になると、もうこの手段はすっかりすりきれてしまっている。宗教を軽蔑するほとんどすべての卓越した人物は、こうした人生体験の持ち主である。かれらはあまりに早い時期にいやになるほど聞き飽きたか、あるいは両親や教師などを見て、宗教の効能の悪例を如実に感じたためである。

さてこうした一切を「理想主義」と呼んだものかどうか、それはどうでもよい。多くの利口な人たちは「理想主義」といえば、それでとっくに問題は片づいたと見るのである。いずれにせよこの主義は、決然としてこれに身をゆだねた人たちを、その他流布しているいかなる人生観よりも、満足させたように見える。また、少なくともこれを確信するためには、たいした歴史的知識も人生への特別な洞察も決して必要としないのである。にもかかわらず、われわれの惧れることは、わが読者の多くがクリンガーよりもアグリッパ王[1]に、むしろ事実上の「成功」もアグリッパ王の方が不利であるのに、従おうとするのではないか、ということである。

（1）行伝二六・二八。

クリンガーのような人物の豊かな内面生活は、あるドイツの詩人の言葉――私が若干手を加えた――によって最もよく表現されている。

「光もあれば、影もある
欠点もなくはない。
しかし内部に光明があって
外の溷濁《こんだく》を浄めている。

この地上ではいかに努力しても
完成に達することはないが、
完成をもとめて苦闘した魂は
平和な満足にみちあふれる。」

良い習慣

誰でも、自分の修養の際に、あるいは他人の教育にあたって、よく反省してみれば、遅かれ早かれいつか気がつくような重大な経験がある。それは、あらゆる行動、いや行動にとどまらず、すでにあらゆる思考が、一度思考されたとなると、一種の素質を生ずること、いわば物質的影響ともいうべきものを残すことである。つまりこれは、今度また同じようなことをすると、それを容易にするが、同じでないことをすれば、それだけ困難にするというものである。「悪はまた必ず悪を生む。これぞ悪事の呪い[1]」とはこのことなのであって、善事の間違いのない主要報酬[2]は、それが善を生みだすことによって、そうした行動者に永続的利益をもたらす、ということと同様である。

（1）〔訳者註〕シラー『ヴァレンシュタイン』第二部五幕一場。
（2）善をなしうるということが自身報酬であり、悪をなさざるをえないということが、それ自体すでに罰である。鋭敏な素質の人であればあるほどそれを強く感じる。列王二一・二〇、二五参照。

起こったことは起こったことで、もう変えることができないということ、これは人生の恐るべきところであり、その悲劇的背景を常になしているものである。いくらわれわれがそれを信じたくなく、承認したくなくても、起こったことはもう仕方がないのである。(1) したがって真実の歴史もまたつねにいちじるしく悲劇的性格を帯びていて、一同相擁してなごやかに終わる喜劇的なものでは決してない。

(1) いかにもわれわれは罪の許しを信じるけれども、それはあの世の決算にまつのである。この世では因果的関係が存続し、たとえ悪を善によって克服することはできても、悪が起こらなかったことにすることはできない。

しかし人生をかかる意味で本気に考えだすと、われわれのたちまち気がつくことは、大事なことは思想や信仰であるばかりでなく、いわんや人間の魂に触れずにすむ外面的な信仰告白やたんなる教会所属といったことではなく、まさしくもっぱら習慣だ、ということである。

教育によって達成すべき目標は、良き傾向性をもった人間である。善と悪に面してたえず思慮によってこれを選択するような人間は、まだ信用できない、——人間の激情に対しては、こうした選択は無力となる——目標はむしろ、とっさに、考慮の余地なく、善に傾くという人間である。

人間存在の理想は、すべての善が習慣によって直接自明であり、すべての悪が、人間本性にさからって、肉体的にも不快な印象をひきおこすような生き方である。ここまでいたりえなければ、すべてのいわゆる徳とか敬虔とかも、まだ善き意図というだけで、それによって善果を結ぶかもしれないが、悪果をも結びかねないのである。

それでは人生の最もすぐれた良い習慣とは、どんなものか？　われわれは、その若干のものを、まったく非体系的に挙げてみようと思う。現代の人々は「体系的」な道徳には飽き飽きして、かえってこの種の純粋に実践的経験的な表現に注意をむけてくれるかと思うのである。

(一)　第一の主要規則として、われわれはこう考える。われわれはつねに、消極的に何かの習慣をやめようとするより、むしろある習慣をつけようとしなければならない。なぜなら内面生活においても、攻撃に出る方が、たんに防御にまわるよりもずっと容易だからである。それは攻撃の場合何か一つ獲物があってもよろこびがあるが、防御一方というのは力をあまりにも浪費するからである。[1] そしてこの際肝要なことは、迅速な、常に行動に直結した決心である。ヴォルテールが国家の運命について語ったことは、個人の人生行路に対しても、高度に妥当する。「余の見たところ、およそ事の成否はつねに一瞬にかかっていた。[2]」

(1)　その上また、純真な人間の場合、つねに防御力の不足を意識して、羞恥と意気沮喪の感情につきまとわれているものである。

(2)　それゆえ、一切の自己省察と、直接的な行動にいたらないあらゆる意図はきわめて危険である。とりわけすべての日記類がそうである。文学史のどこを見ても、虚栄と、これに加えてしばしば道徳的インポテンツの烙印を帯びていない日記を、私はひとつも見出すことができない。

(二)　第二の点は、恐怖を持たないということである。そうしたことが、強い宗教的基盤なくして高度に可能であるかどうかは、ここでは検討することをやめたい。[1] いずれにせよ、恐怖はあらゆる人間感情の中で最も不快なものであって、われわれがどんなことをしてもこの習性から脱却[2]しなければならぬものであるばかりでなく、なおその上に最も無益なものである。恐怖は、その恐れているものが到来するのを少しも妨げない。むしろそれに対抗するために必要な力を、あらかじめ消耗させてしまう。人生でわれわれが遭遇することの大部分は実際、それが遠目に見えるほどおそろしいものではなく、堪えうるものである。とくに人間の空想力は、苦悩の持続を実際よりも大きく長く想像させるものであって、そこでもしわれわれが何かある不幸のはじまった途端に、あらかじめわれとわが身に、たとえば「つづいても三日だ、それ以上ではない」と簡単に言いきかせておけば、通常これがあたるであろうし、いずれにせよ、一層よい覚悟で事に臨むことができるのである。

（1） 哲学的な無恐怖と宗教的な無恐怖との相違は、とりわけ次の点にある。すなわち、前者はつねに不幸に対して覚悟していなければならない、しかも不幸の到来がなければないほど、確率の法則に従って、いよいよ覚悟を固めるわけだが、他方宗教的無恐怖は「神は与うるがゆえに与え給う」という古い諺に頼っている。すなわち、神のなされることはすべて恩恵であって、不幸といえども神がすでに多くを与えられた何びとかを、もはや決して見放されるはずはない、という保証でしかないということである。

（2） ここでも上述の攻撃の原則があてはまる。ただ理解しやすいため消極的に表現したのである。

哲学的基礎に立った最善の恐怖予防法は、あらゆる恐怖は同時に、われわれの内部に何か正しくないものがあるという徴候だと確信することである。これを探し出して取り除くことである。そうすれば恐怖は大部分消失するのである。

（三）　恐怖を起こすきっかけとなるものは、概して、人生財の問題である。それゆえわれわれは人生のなるべく早いうちに、つまらない財よりすぐれた財を選ぶという習慣、なかでもたがいに矛盾しているものを同時に持とうとしない習慣をつけなければならない。こうした無理をするところに、すべてのいわゆる「失敗した人生」の欠点がある。

人間は、われわれの見解に従えば、自由にかれの人生目標を選ぶことができるばかりではなく、かれが真剣に、専一に、あらゆるその他のこれと相容れない努力を犠牲にしても手に入れようと願うものは、すべてこれを達成できるはずである[1]。最上の人生財、しかも思慮ある行動をもってすればきわめて容易に到達することのできる人生財は、堅固な道徳的確信、精神の良き形成、愛、忠実、仕事の能力と仕事のよろこび、精神的および肉体的健康、そしてつつましい財産、これらである。それよりほかのものは価値がないか、あるいはそれらとは全然比較にならぬ価値しかない。それらと相容れないものは、富、大きな名誉と権力、間断のない享楽である。なかでも、普通の人間が最も多く求め、きわめてしばしば実際に到達するが、しかし常に他の財を放擲してのみなしとげられる三つのもの、すなわち金銭、名誉、そして享楽、――これらをわれわれは心中深く決して、ひと思いに断念しなければならない[2]。そして他の財をもってこれに換えなければならない。これをしなければ、宗教的あるいは哲学的基礎による内面的人間の教育などということは全然問題にならない。何もかも見せかけで、中途半端で、ついには偽善と化してしまう。しかし最善の人々にしても、かれらの決心は、大部分の場合、強いられた断片的な諦めが積み重なったものである。いつか一度はやらなければならないことをあらかじめ見通して、この間断のない苦悩をひと思いの一大決心と引きかえにするような、年少の頃からしてきわめて聡明な人物といったものはまれにしかない。(3)

(1) このことを早く認識し、選ばれた目的と調和しえないものを、たえず正確な洞察によって却けるということが、いわゆる「処世智」の最大の部分であり、成果をおさめるゆえんのものである。ここにみちびくということが、教育の主要課題である。残りの部分は、人生目標の正しい選択である。

(2) その他の方法、つまり哲学的確信の道などでは、これはだめである。また「適度にする」などは問題にならない。それはまったくの自己欺瞞である。ここはまったく強行手段に出なければならぬ。マタイ一一・一二、六・一九、ヨハネ五・四四、ルカ五・三六、一六・一五参照。

(3) この個所ではとくに、ローテが次の言葉で述べているあの最後の断崖のことを付記する必要がある。「ある善い事柄に没頭し、同時にまた自分自身のためにも打ち込んで、登攀しようとするのは、危険で不純な行き方だ。」外面的な名誉を遠ざけ、富貴な人やその他心傲れる人々を好んで避けるのは、それほど難事でない。なぜなら、いわゆる下層階級ははるかに面白味があるし、名誉のたぐいは、他人の心事を読みとることのできる芳干炯眼《けいがん》の人にとっては、実に見えすいたものだからである。その際、最も困難なことはただ、みずからも心傲ることなく、冷静にこれがなされることである。

　貪欲については、小さなことで正直にするということが、初期の有効な治療法である。小さなことでの正直がなければ、およそ正直なるものは存在しない。今日正直がどの辺の小さなところまで及んでいるか、を検討するのは特別の研究に値いするであろう。

(四) 名誉やいわゆる享楽を事としていれば、われわれは第三者に隷属する奴隷たるを免れない。ただちにこれに代えるに、愛をもってしなければならぬ。愛は、自己の自由を奪うことはないのである。そうした代替物をもってしなければ、福音書がマタイ一二・四三―四五で描いているような、まったく堪えがたい巨大な空虚が残るであろう。

われわれはどうしても、われわれ自身のために、習慣的にすべての人間を愛するように努めなければならぬ。かれらがそれに値いするか否かは問うに及ばない。これを常に正しく判定するのは、あまりにも困難なことである(1)。人生は愛がなければ、とりわけ青春が過ぎ去ったあとでは、あまりにも悲哀にみちたものとなり、白眼視的態度は何かの機会に容易に憎悪に変わり、これは生存を毒して、もはや死ぬ方がまさっていると思わせるにいたる。

(1) 愛は友情とは、まったく別の物である。愛は忍耐に最も近く、何よりも負荷に耐えるべき多くの力を要求する。友情は、高尚な意味で、エゴイスチックで享楽的な何物かを帯びている。愛はまた、われわれが他の人々を凌駕することを許される唯一の道である。それは、愛することのできない人間に対する正当な大きな優越性であり、まことに神の是認したもう唯一の貴族主義である。

憎まねばならぬのは、どこまでも物であって、人間ではない。人間において、善と悪とを完全に正しく判別するということは、あまりにも困難である。そしてすこしでも不正に陥れば、そのため最も憤激するのは、かれら自身も誤った判断を犯している人たちなのである。

それゆえ諸君は、何物によっても、哲学によっても、経験によっても、愛を失うな。その価値の問題は、まったく取り上げるな。これは心深くつねに平和をたもち、さもなければ次第次第に嫌悪を抱かざるをえないようなすべての物事や人間に、関心を持ちつづける唯一の方法である(1)。

（１） 愛なく生きて四十歳にもなって、なお厭世家にならない人間は、よほどどうかしている。

ついでに言うが、愛はまた非常な利口者である。彼女は、みずから欲せずして、すべての悪人どもをたえず欺く(1)。しかし、親愛な読者よ、もし君が詩人の言葉を借りて、

「私を愛してくれるひとを愛し、私を憎むひとを憎む。
これが私の行き方だった。別に変えようとは思わない。」

と言いたい気なら、しばらくそうした風にやってみるがいい。実験はただの研究にまさる。しかし君はまもなく、多くの憎悪ときわめてわずかの愛に行きつくことだろう。

（１） 悪人は人の考えるほどたいしたことはできないものであるが、その主な理由は、かれらが人間に関する真の知識にあまりにも乏しいからである。かれらはつねに他人のエゴイズムを絶対の目当てにしているのであるが、相手にこれが欠けている場合は、たちまち調子が狂ってしまう。もし許される「意地悪いよろこび」があるとすれば、それはこうした誤算の瞬間における悪人の姿を見るときであろう。これに反して、愛の増大は、人間を見る眼をするどくし、こうした愛を高度に所有する者に、他人の最内奥の心事を洞察する力、しばしば奇跡を思わせる力を与える。エゴイズムは、これに反し、次第次第に人を愚かにしていく。これを知れば数々の大きな人生の謎を解く鍵を得るのである。

（五） これまで挙げたすべての点、とくに最後の点においては、中途半端はありうべからざることである。あらゆる小賢しいことはやめにした一大決心のみ必要である。しかしこれに対してなお、大きな習慣をたすけて、いわばこれを一層可能に近づける多くの小さな習慣といったものがある。

そうした一つ、すでに福音書もこれをすすめているところのものは、「死人を葬ることは、死人に任せておくがよい」（ルカ九・六〇）ということである。葬式は死人がいちばんの適任なのである。われわれは空虚なものの悪しきものとの不断の葛藤からむしろ遠ざからなければならぬ。かくして、われわれはたんに破壊するだけでなく、建設することができる。破壊とても必要であるが、これはつねに副次的な仕事である。多くの破壊者が記念碑を得ているのはもちろん破壊の必要の証拠でもあるが、本来はそれは建設者にのみふさわしいのである。

（六）　われわれはしかし、人からだまされるままになっていてはならぬ。うわべだけでも不可である。むしろ狡猾な人間に、われわれがかれらの考えを見抜いて、本来かれらが何を欲しているかを、常に示してやらなければならない。この読心術は、さきに述べたように、相当のところまで進歩するものである。しかしわれわれ自身がもはや、人を盲目にするエゴイズムを捨てきっていることがあくまで必要である。

しかしこうしたやむをえない防御処置は別として、総じて他人をその善い側面から見、かれらにも善いものが必ずあるときめてかかる方がはるかにまさっている。そうすればしばしばかれらの方でもそうなろうと努力して、実際そのために善くなるばかりでなく、われわれもまたみずから不愉快な思いをしないですむ。はっきりそれとわかる悪人と交際するのは、精神的に絶対に有害であり、鋭敏な素質の人々は、その不快感のために身体をも害するにいたるから、あらゆる意味で不健全である。

（七）　悪は格別、これを厳酷に非難したり叱責したりする必要はない。たいがいの場合、それを明るみに持ち出せば十分なのだ。そうすれば、その人は、たとえ表面的には抗言しても、必ず良心の裁きを受けるのである。それゆえわれわれは非難すべき人々と平静に話さなければならない。事柄を包み隠すことなく、ことさら優しくすることもなく、単純に、怒りに駆られずに、話さなければならない。憤怒のために物事がよくなることは、めったにないから[1]。

（1）　ほんとうに高尚な人々に対しては、次のような詩人の忠告がさらにすぐれているかもしれない。「高尚な人が君に不当なことをしたら、気づかなかったふりをせよ。かれは自身の負債簿に書きいれて、長くは借りていないだろう。」しかし普通の場合はイタリアの諺の「人を傷つける者は、人を許さない人間だ」は、おそるべき真理である。いずれにせよ、われわれは何かの恨みを根に持つということがあってはならない。それはなんの役にも立たない。むしろ己れの心を傷つけるのみ。そしてきわめて多くの場合、少なくとも昔のトマス・ア・ケンピスの言葉「よくよく考えてみれば、私はいまだかつて被造物によって不当なことをされたことはない」というのは、やはり正しいのである。不当と思われるものを、真に徹底的に、公平無私に熟考するのは、有効なことが多い。

（八）　有徳な人でも、深い愛情を欠いていれば、とかく退屈な存在になる。若干のプロテスタントの仲間に特有なもので[1]、礼儀正しいけれど、心の奥底ではまるで愛情がない、ことに見解の違う人に対してそうだという人間が、とりわけ若い人たちの気持ちをどんなに憤激させるかは、言語に絶する[2]ほどである。若い連中は、こんなつめたい道徳のかたまりと暮らすくらいなら、悪徳の人間と暮らす方がましだと思う。

（1）　スイス慈悲の友の会の創立者P・テオドシウスが取った主義は、快活な気質の人でなければ会員にしないということであった。プロテスタンティズムに、カトリックが持っているような自然的な友愛を、もう少し多分に注入するということは、一個の大きな任務であろう。

（2）　悪徳の人間がしばしばほとんど謎のような魅力を持っているわけは、かれらがきわめて自然的な愛情を備えているから、少なくとも備えているように見えるからである。悪徳がつめたいエゴイズムの相を呈するや否や、それは人をつきはなす。これが悲劇的結末をもった、クラリッサから現代の作品にいたるすべての恋愛小説の要領ともいうべきものである。

（九）　すべての人間に対して、一様に親切であるということは、結局できないことだと、君には思われるかもしれない。なるほど。それでは最初は構わず差別をつけるがいい。しかし、いつもこの世の弱者、貧しい者、愚かな者、教養のない者、子供たち（動物や植物すらも）のためを思って、決してその反対に立派な人たちの方を先にしてはならない。そうすれば君は幸福になるだろう。とくに君が、自分の「へりくだり」に対する感謝などをあてにせず、かれらの愛を君自身のそれと同様に高く評価すれば。

　はっきりとつめたい調子を見せてやるのが適当なのは、まず人を圧服しようとかかる人々に対して、次には、すべての人と「知りあい」になりたがるが、自分の好奇心がみたされ、おそらくは虚栄心の方はみたされないとわかるや否や、たちまちこれを見捨ててしまうさまざまの階級の文明的人喰人種に対してである。最後には、貴族、富者、そして――「貴婦人」に対してである。この三階級は、親切な愛をいつも誤解する傾きがある。

われわれは、こうした小さな良い習慣をまだいくらも挙げることができるであろうし[1]、読者が、ほかにもまだたくさんあると言われるなら、われわれはすこしもそれを疑わない。むしろいままで挙げた項目を補って自家用のものをつくられたらばいいと思うのである[2]。

（1）たとえば、六日働いて、七日目には休養するということ。これは身体の健康を保持し、多くの悪い習慣を最初から不可能にするものである。あるいは、いろんな計画を立てず、その日の義務をまず果たすこと。話すときは、真実をできるだけ正確に、簡単に言うこと。小事はつねに小事として取り扱うこと。自分自身をも他人をも（どんなに取るに足らないような人でも）不必要に骨を折らせたり煩わしたりしないこと。この最後の点では、教養の高い人々も多くの罪を犯している。かれらが信じている以上に、こうしたことは人の心を傷つけるものである。社会主義のかなりの部分はこうした源泉から発生している。これはだから非常に悪い習慣であって、これに対抗する強力な反対習慣によって除去されなければならない。多くのことをもっぱら沈黙によって答えるという教皇庁的主義も、それほど悪くない。しかしこうした小さな事の大部分は、個人的なもので、すべての人間に、いや同一人間のすべての年齢にさえ、妥当するというわけにはいかない。その上、大きな良い習慣をほんとうに身につければ、おのずから発生してくる種類のものである。

（2）人間の真の改善、とくに青年の教育に際しての中心問題は、ありとあらゆる美徳の影像をもって頭脳を、いや束の間の意志をすら充たすことではなく、人間の裡にすでに善きもの（おそらくわずかなもの）が習慣となり天性となるようにすることである。これを欠くならばなんら実質的な価値がなく、しばしばたんに虚栄心と自己欺瞞に役立つのみ。

ただ、すべての良き習慣を網羅した表を第一につくるよりは、一つの良い習慣を実際にはじめる方が、はるかに目的にかなっていることは、読者もすぐ気づかれるであろう。

＊＊＊

さて良い習慣を実行するにあたり、その際の困難、本来唯一というべき困難は、人間本然のエゴイズムを心から除き去ることである。このエゴイズムは、これまで述べたような一切を、疑惑視するまでは行かなくても、実際的に妨害するものである。いかなる人間でも――己れを知る人は何びともこれを争わないであろう――我執ということになると、いちじるしく倒錯したところがある。しばしばこれは文字通り「狂気」とすれすれなくらいになる。これは一つの力によって除かれなければならない。そしてこれこそあらゆる哲学と宗教の問題そのものであって、世界とともに古く、しかも新たに生まれてくるすべての人間にあらためて次のような問いを投げるものである。「正しい人生を歩む上にまさしく必要である善と正義とに、人をみちびき、かく精神的に健康ならしめるこの力を、どこに見出したらいいか？」(1)

(1) 正確に言えば、人間生活における理論的な事柄でなく、また信仰、愛でなく、信仰し、愛することができる、ということがまさしく大事なのである。なんと今日多くの人々が、もしできたら、そうしたいのはやまやまと思っていることだろう。このできるということにはしかし、一定の前提があり、それを回避してはだめで、また実際いわゆる敬虔な人々もこれを欠いているのである。こうして最も美しい信仰も、月並のたんなる思考形式でしかなく、たいした価値を持たずじまいとなる。

ところでこの点については、周知のように今日でも実にさまざまの意見がある。ダンテはその煉獄篇の有名な第二七歌において、正しい道を求める人間を、思慮深い理性によって、ただに天国の門までではなく、浄化の山の頂きまで連れて行かせている。そこからは、地上生活の到達された目的、すなわち地上の楽園がはじまり、およそ求めるということが無用となるところである。(1) それにもかかわらず、――ここにわれわれは中世紀の偉大な詩人哲学者の甚だしい矛盾を発見するのであるが――たんに一天使が世の常の魂どもを、大洋を越えてこの山の麓に連れてくるばかりでなく、(2) 他の天使はそれらの魂が引き返そうとするのを「恩寵の門」(3) をすぎてからでも、何度も引きとめにかからなければならない。そしてわずかに神の全能の奇跡によって(4)――この際、案内する理性はせいぜい余分な役割を演ずるだけである――、かれらは、第三の天使が金剛石の閾の上に坐って、何びともその許しなくしてこれを越えることのできないという地点に到達する。

(1) 真実の生のこの明るい頂きを支配する気分は、「理性」(ヴィルギリウス)の結びの言葉によって、きわめて美しく描かれている(煉獄篇第二七歌)。

この明るい小径に憩うもいい。また歩むもいい。
これからは私の指図や教えを待つことはない。
君の欲することは、自由で、素直で、健やかだ。
君の意欲を拒むことが、誤りとなるだろう。
だから今後は、君みずからが君の法王、君の国王となるがいい。

(2) 煉獄篇第二歌、ダンテ自身はもちろん他の、普通でない道によってそこに行くのである。

（3）煉獄篇第七歌一九行。
（4）煉獄篇第九歌九—六一行。

しかし、この倫理的力学の大問題は、われわれの現在の主題ではないし、われわれはまたそうしたものが、各自の経験の道によらないで、根本的に理解されるかどうかを疑うものである。意義ある人生目的を、専心に追求し、これに反する一切には背を向けようという意志、断固たる決断、ここにあらゆる自己教育ははじまる。そこからすぐにおのずと能力の探し求めが起こってくる。もしわれわれがこれをひたむきになってあらゆる道で探し求め、そしてわが身に増してくる力を、その道の正しさに対する唯一可能の証明と認めようと心ぎめすれば、この求めるものはついに見つかるのである。持続的な、平静な倫理的エネルギーを与えないものは、[1]本物でない。そのような力を与えるものは、少なくとも真理を必ず内に蔵しているのである。これは、あらゆる未来の哲学の冒頭に掲げらるべき命題であり、人類にとって、従来の哲学よりも価値あるものとなるであろう。それ以外のものは結局あやまりである。

（1）一時的な力なら、狂信でも与えることができる。しかしこれには、すべての真実の力に固有な内的平静が欠けている。これを大規模に示しているのが、現代の多くの宗教的現象である。まだ馴らされていない動物のような絶えず落ちつかない眼つきの人間を誰も信用しないように、たえず誇大な宣伝を事としている団体を、われわれは信用することができない。完全な宗教性は、肉体的、精神的、ならびに社会的な意味で健全な人間を求める。肉体的というのは、聖書のある註釈者の言葉を借りれば、「神を見たと称するような病的幻覚が己ればかりかひとをも欺く者を、世間に送りこむ」ことがないためである。精神的というのは、すでに人間的に完成円熟した精神のみが、神の言葉を正しく捉え、再現することができるからである。また社会的というのは、自己のためにはもはや何物も欲せず求めない独立不羈の人間のみが、人間と社会の状態を、神の委託にふさわしいかの客観性において理解することができるからである。

⁂

死は、生の苦悩を終わらせるものだ、
しかも生は、死に向かって懼《おそ》れおののいている。
生は死の暗い手を恐れて
手の差しだしている盃を見ないのだ。

同じように、愛に向かって、心はおののく。
まるで破滅が近づいたかのように。

無理もない。愛が目覚めるとき
自我、この暗い暴君、は死ぬのだから。
暴君を死にまかすがよい、夜のうちに。

そして、あけぼのとともに、自由の身となって歩むがよい。

この世の子らは光の子らよりも利口である

この世の子らは光の子らよりも利口である（ルカ一六・八）。——われわれはこの一句のまったき真理性を敢えて疑うものではない。しかし、よく耳にする理想主義に対する非難は、他のいかなる権威にもまさって、この一句を依りどころにすることができる、と言わざるをえない。非難とは、理想主義はなるほど理論としてはすこぶる立派だが(1)、実際には行いがたいということである。もし処世智と理想主義が一致しえないということがひとたび確定すれば、この地上に生まれ、この世を渡って行くように余儀なくされている人間の十中八九というものは、前者をやむをえないものとして摑むであろう。たとえ後者を見捨てる際にいかにも残念そうに横目で睨むとしてもである。智はこの世のためのものであり、光はひとえにあの世のためのものなのだ！　それゆえ、人間性の普通の岩礁、すなわち享楽的エゴイズムをとっくに克服した多くの者も、この躓《つまず》きの石には難破することになるのである(2)。

（1）近代のある学派などは、このことさえもはや認めようとしない。しかしそれはあまり意味はない。人間は非利己的な隣人を持ちたいと非常に念願しているから、そのような理論を実際的にも受けいれることができない。
（2）利口でないとか、さらには愚鈍だとか人に言われるのは、非凡な人間でも実にいやがるものである。そうしたことが平気に聞けるには、すでに大きな内的確信と自己克服の力が必要である。なお旧約聖書のイザヤ四一・一九および四三・八を参照。

何よりもまずこの危険な一句に含まれているものは、いわゆる世俗の人間に対する大きな承認である。総じてかれらは、キリストの言葉のどこにも、職業的僧侶やパリサイの信者のように辛辣には扱われていない。マタイ二一・三一にいわれているような言葉は、世俗の人間に対してはどこにも発見することができない。(2)かれら世俗の人間は、自己の求めるものをだいたい心得ており、その目的を、まったく勤勉と根気をもって、あらゆる障碍を乗越えて追求している人々である。――そうした点では「光の子ら」は、少なくともその初期の段階では、容易にかれらと太刀打できない。かれらはまた、より高いもの、より善きものに全然感受性を欠いているのではない。かれらの心は、善の種子が落ちてもむなしく朽ち果てる堅い岩ではない。むしろほかの雑木が繁茂しているために、種子は芽をふいても、よく成長することができないといった土地であるにすぎない。いずれにせよ、歴史的に真理の信奉者たちを磔《はりつけ》にしたり火焙りにしたりしたのは概して自分たちではなかったと、かれらは正当に主張しうるのである。

(1) ルカ第一六章はだいたい、近代国家の意味における公的秩序に反対して書かれた最も危険な文章である。もし人々が財貨は不正であり、それを使用しただけで、その他なんらの悪はなくても(ルカ第一六章の金持は少しも悪者とは言われていない)永劫の罰に値いすると、真剣に人みなが信じたとすれば、その結果はどういうことになるだろうか。あるいは、人間の間で尊重されているものはことごとく、神の前では嫌悪すべきものであると、一般に信じられたならばどうなるだろうか。そして、不正な家令の称讃の中には、財産と呼ばれ、しばしば「神聖」の形容詞を与えられているものに対するなんという皮肉が隠されていることか。
（2）世俗の人間との交際についても、聖書のどこを見ても、当時の公認僧侶などとの交際のようには、警告を与えられていない。福音書が最もおそれているのは信仰の欠如ではなくて、むしろもっぱら形式的な宗教なのだ。

だから、われわれは世俗の人間というものを決して無造作に悪人とか、あるいはいわゆる徳なるものに鈍感な人間と、考えてはならない。その反対にかれらは大部分、その外見よりも善良である。かれらの中には非常にたくさんの「偽悪者」さえおり、こうした人々は腹の中には非常に善良な心情を持っているのである。かれらに欠けているものは一般に、善良になろうとする勇気だけである。倫理的世界秩序というものが確実に存在し、それを信ずる者をして「生存競争」の困難すらも乗越えさせるという十分な信念が欠けているのである。実際、この確実性は決して眼に見えて、そこに存在しているのではない。むしろ反対に、世間の道を見捨てる者は、まず自分の方も世間から見捨てられ、そしておそらくこれからさきの人生行路の大部分を、はたして自分が選んだものは、よりよき部分であったかどうかという疑念に苦しみながら、すごすに違いない、という確実性を受けとるのである。如実にこの道を歩んだ人、たんにそれについて聞いただけでもなく、説教しただけでもない人は、みなそのように述べている。してみれば世俗の人間は、尋常でない道はなるほど理論としてはすこぶる立派で壮大であるが、しかし実際には十分歩けるように思えないから、むしろ通常の、知れきった道を選ぼうという単純な人々にすぎないわけだ。

「光の子ら」とは何であるか、これをいうのはさらにむずかしい。いかにも福音書は、それについての二、三の暗示を含んでいるが[1]、それにしてもこの意味における「光」とは、いったい何であろうか？　その根源はどこにあるのか？　どのようにして人間の中にはいってくるのか？　ここにわれわれはたちまち、「宇宙の七つの謎[2]」の最大のものに値面する。「人間はどこから来て、どこへ行くのか、あの金色に光る空の星のかなたには誰が住んでいるのか？」一般的にわかりやすくいえば、わずかにつぎのようにでもいうことしかできない。光の子らとはたしかに、探求する人間の謂であり、通常のものでないものに感受性を持った者のことである。かれらは何よりもまず飲んで、食って、明日は死ぬということよりは何かましなことが地上に存在することを願い、このやみがたい願望と意志から、しだいに信仰にいたり、ついにゆるがぬ確信に達する人たちである、と[3]。この光への道をさらに進んで教えるものとしては、マタイ第五章八節またとくにルカ第一一章三六節があるが、これはまだ誰も正しく解釈した者のない個所である。しかし普通、あまり論証に深入りするのは決してよくない。さもないと「この世の子ら」は、実際そういうものには心構えがないし、少なくとも一切をとっぴな誇張だぐらいに思うから、総督ペリクスやアテネ人たちと同様「このことについては、いずれまた聞くことにする[4]」というのが落ちであろう。そしておそらくかれらはその先輩たちにならって、このような不愉快な、心を掻き乱すだけで「結局確実なことはてんでわからぬ」説明がふたたび持ちだされないように用心するであろう。悲しくひびくけれども、実際、宗教を教えることはあきらかにひどく効果のないことである。宗教と呼ばれるものは、本来まったく知識の及ばないものへの信頼と、かかる見方の主張者への傾倒にもとづいているものであるから、(5) これを実際に教えるということは不可能である。せいぜい人々に一種の素地、少なくとも嫌悪とかたくなな無能力を取りのぞいた状態をつくりだし、そしてこの状態を維持するために教えをもってするというところである。ところでこうした無能力がいったいどうして生ずるかといえば、それは理想的なものの一般の感受を拒むような生き方によるばかりではなく、(6) これと同じくらい宗教を一個の教えとして、いやさらには講義をしたり学習したりできる一種の学問とさえ見るあの見解によって生みだされているのである。(7)

（1） たとえばヨハネ一二・三六、一七・三、一八・三七、七・三八参照。

（2） デュ・ボア・レモン『宇宙の七つの謎』参照。

（3） ゲルツァーはその『第一・二世紀におけるスイス史』で次のように述べている。「通常の人生の軌道を立派に進んでいき、生来の確実なこつで実社会に処していく多数の者に事欠くことは決してない。しかし、あらゆる個別的、外面的な、気を散らすような物事には眼もくれず、その精神の全エネルギーをもって、ひたすら存在の精神的永遠的な根底をたずねようとする少数の者も、世界秩序の中で役割を果たしているのである。感覚世界のあらゆる被覆を通して、かれらは世界の調和を認識し、あるいは少なくともその幾分かを、遠方の音楽のように、感知する。そのような人物は、もしかれらがこの世で何事かを（しかもまさしく、そのためにかれらが召されてきたところの事柄を）なそうとするなら、この目的のためにいささか世間から遠ざからねばならない。ただこの立場においてのみ、かれらは——かの低地では育たない高山植物のように——その本質の純粋ないぶきを保ち、また人にも伝えることができるのである。」別の言葉で言えば、「塩はよきものである」。しかし、塩のききめがなくなったら、何の役にも立たない。そのときは世俗の力の方がはるかにまさっている。今日の教会が、しきりに宣伝につとめても影響力のきわめて少ない理由はここにある。誇大な宣伝などは欠乏した、あるいはききめのなくなった塩の代わりにはならない。

（4）行伝一七・三二、二四・二五。
（5）この点についてはとくにヨハネ一・一二、三・二七、六・二九、七・一七、八・一二、九・五、一四・七、二三、二四、二一・一七参照。
（6）これにいたらせるものは、所有欲、名誉欲、享楽欲の三点である。なかんずく最後の欲望のある種のものである。ある人間に宗教を説いても、これらの欲望が、少なくとも善き意志に従って克服されないかぎりは、まったく徒労である。それにもかかわらず、それを説かなければならないのは、その人間の心の中がわからないからである。それゆえ福音はしばしば、たいしたものはかからぬと信じながらも、なおその網を投げる漁夫の仕事にたとえられる。
（7）ヨハネ三・二一、三、行伝一七・二〇、二一参照。

ところでいったい——と諸君は問うであろう——このいわゆる光は、この世の知恵に対していかなる点でまさっているのであろうか。この世の知恵はなんといっても確実なものであって、他の道ではそう易々とは手に入らない多くの人生財を獲得するではないか、と。その答えはまず第一に、光のまさっている点は、われわれがそれによって真理を所有し、そのために心の裡に完全な平和が成就することにある。これは、あのレッシングが、真理自体は人間にとって決して望ましいことではないという有名な言葉を述べたときに、かれの念頭にあったような人生の幸福とは異なって、名状しがたい真の幸福の充実である。そのほんの一かけらでも持ったことのある者なら、もはや地上のいかなる財宝ともこれを取り換えようと思わないようなものである。(1) 結局問題は、なんらかの財宝を所有することではなく、これを所有することによって幸福を感ずるかどうか、ということなのである。財産が欲しい者、名誉が欲しい者、享楽に耽る者とても、かれらがしきりと求めるものは、目的として欲しているのではなくて、かれらの眼から見て目的達成上欠くことのできない手段として欲しているのであり、目的はやはり幸福感以外の何物でもない。

（1） この福音書の思想はまた歴代下九・六を援用することができる。

ところがこの点でかれらは誤るのである。かれらはなるほどみずからの真に欲するものをすべて手に入れるのに成功するけれども、しかも心の満足は得られない。これが世界秩序の真に美事なところであって、これを囚われずに見る人なら、必ず世界秩序の存在を知るであろう。かれらの思うようになること、成功そのものが、かれらの罰なのだ。これはおそらく理解するにいささか困難であるかもしれない。しかし読者よ、これをもう一度熟考するがいい。あるいはそれをいわば科学的仮説としてしばらく仮定し、次にそれが正しいかどうか人生において観察するがいい。自然科学においてもこれが実際、真理に最も容易に到達する方法である。

第二のまさっている点は、この真理精神——「光」を意訳してそう言ってもいい——は、やはりすべての世の利口さよりもはるかに利口なものである。なぜならこの精神のみが世界の真実の法則と一致するからである。したがって、この利口でない者がやはり世の中を渡っていく、渡っていくどころかたいがいは利口な者よりも却ってはるかによく、無事に渡っていくということになる。つまりかれらには良心の不安がない。生存の最上のよろこびをも毀損するこのきわめて不快な感情がない。またかれらは人間や出来事に対して焦燥、恐怖、憂慮を持つことがともあれ非常にすくない。かれらのような志操がなければ、こうしたものはどうしても避けがたい代物である。最後に、かれらはたんに自己自身においてばかりでなく、他人に対してもはるかに多くの平和を持っている。人生をたえず苦《にが》いものにする憤怒、憎悪、嫉妬がないからだ。こうした志操に従おうと思わず、従うこともできない人間たちですら、ほんとうはこうした「理想家」を、かれら自身の仲間よりも以上に愛しているのである。もし理想家のやることが真摯であり、反対のものを押し隠しているたんなる外套でないこと、また人を侮辱する傲慢さがそれに伴っていないことなどがわかりさえすれば、かれらはたちまち理想家に親愛を覚えるのである。そのような親愛、それは、かつてはフリューエのニクラウス、アッシジのフランチェスコ、シエナのカテリナ、近くはゴルドン・パシャといった人がひろく人々の間に見出したもので(1)あり、かれらの生活にならおうなどとは夢にも思わない多数の人々がかれらの死を深く悲しんで、これを国民的不幸と感じたのであるが、こうした親愛は、たとえば現代最大の、最も成功した政治家あたりが受ける尊敬とはまったくくらべものにならない。ここに挙げた人々はこの世のいろいろな財宝のほとんどを断念し、そうした競争を放棄したがためにこそ、かれらの国民の真実の王となり、全人類の英雄となったのである。

(1) 残念ながら、われわれはスコットランド人ジョン・ノックスをはじめとして、わが宗教改革者の何びとをも、この二人とならべることができない。かれらにはいずれも、この世の知恵からの完全な自由が欠けていた。さもなければ、かれらの事業はもっと根本的な、永続的なものとなり、同じことが繰り返されるに及ばなかったであろう。

真理、幸福、恐怖もなく憂慮もないこと、自己自身とも平和であり、他の人々とも平和、人々から受ける誠実な尊敬と親愛――われわれはこれらこそ真の財宝というべきであって、これにくらべればいくら多くの富や名誉や外的な享楽を積みあげても、その天秤の皿は軽く浮き上がってしまう。たとえ両方とも、実現が同様に間違いないものとし、上に述べたような恐怖や憂慮、一般的競争といったいやな付加物なしで到達するものとして――富、名誉、享楽への方は実際には決してそうはいかないが――、それでも同じ結果になるのである。

さらにこの理想的な財宝は、ともあれそれらがまったく確実に何びとにも近づきうるという美点を備えている。(1) われわれはただそれらを意志しさえすればいい。ただし真剣に、そればかりを欲しなければならない。途中でやっぱり世の知恵や世俗の競争に鞍がえするというようなことではだめである。そうすれば、多くの証人たちが各自の体験から証言しているように、間違いなくそれらは獲得されるのである――もちろんそれは一気に得られるのではなく、多くの場合に一回ないし数回の人生航路における危機を越えたのちにはじめて得られるのである。ここにいう危機は他の何物よりも死に比較さるべきもので、人間はこれまでの人生の希望をことごとく断念するのである。しかしここが困難のやまなのである。それ以外はこの人生の道は、世俗の道よりはるかに容易で快適であり、また途上で出会う道づれも確実により善き人たちである。キリストはこの道を軛《くびき》にたとえた。軛は軛であるとしても、これは比較的柔らかな、きわめて軽い軛であって、これまた、この軛を実際にわが身にかけた人達がみな例外なく証言するところである。そして、たとえ外面的にはどのように見えようとも、そのような人生の終わりに、他の道の方がより善き、より幸福な道であったと後悔のあまり宣言したものは、いまだかつてただの一人もなかった。これに反して、いかに多くの人々がソロモン王の時代以来、処世智の普通の意味で、最も成功にかがやく悠々たる生涯の果てに、しかし一切は「空の空」にすぎなかったと感じたことであろう。[2] この一つの経験的事実だけですでに決定的な作用を及ぼすべきところだと思いたいところだが、そうならないのは、ほかならぬ人間の普通の利口さが、こうした一段と高い利口さ――それは一層高い額をかけたひときわ大きな賭を選ぶのである――にまでいたるのを妨げるからなのである。

（1） また全然競争なしで、である。なぜならこうした達成への道に集まってくる人間ははるかに少数であるばかりでなく、この理想的な財の性質として、これを人々に分配すればますます増えてくるということがあるからだ。ある専門あるいは職業の一部分にあまりに多くの世俗的な利口者がいるほどには、善良な人はいないはずである。

（2） このことが成熟した人生経験に明らかになるのは、ようやく五十歳をすぎて、人の体力がいちじるしく衰えだしたころであるが、これは人生の最も苦痛にみちた瞬間の一つである。そして多くの者は、それ以後懐疑家、厭世家となり、さもなければ、すでに頭髪に白いものをまじえながら、人生のはかない歓楽を見境なく摑もうとする。この「老青年」は結局人生の役割の最も劣等なものを選んだのであって、あらゆる幻滅にかてて加えて自己尊敬を喪失してしまうのである。だから、モーパッサンのある小説が「悪徳はもっとおもしろいものだと思っていた」という女主人公の告白で終わっているのは、きわめて適切である。

われわれは、単純に利口な人たちを非難する勇気を持ち合わさない。むしろ読者諸君が、以上述べたようないくつかの根拠をみずから十分に検討し、人間がその生存の普通の諸条件によって置かれている状況全体を考察したのちに、単純な利口さを選ぶか、あるいはいささか高められた知恵を選んだ方がいいかを決定するよう、これはまったく読者自身にまかせたいと思う。七十年も八十年も人生を遍歴して、一方を取るか、他方を取るかついに心がきまらなかったという者は、明らかに最も愚かな者といわなければならない。ところが奇妙なことに、今日の「教養ある」人士の大部分が、実際この概してどこへも行きつかない愚人なのである。

時間をつくる方法

時間がない。これは、どうにも動かせないというほどではない義務や仕事を逃れたいと思うとき、人々が使うきわめて月並で安直な口実であるばかりでなく、また実際――これを否定するのは不当であろう――内容も表向きもきわめて筋の通った口実である。

それにもかかわらず、やはり一つの口実、であろうか？　私は条件つきの「然り」をもって答えるのに躊躇しない。そして同時にどういう理由から主として時間の欠乏が生ずるのか、またどのような方法によれば、われわれはせめていくらかでも、必要な時間をつくりだすことができるのかを、示してみたいと思う。したがって私の説教は、神学者先生のそれのように三段にではなく、たんに二段にわかれている。読む時間もない、という人々が安心するように、まず断っておく。

誰も彼もが時間がないという第一の理由は、もちろん時間そのものにある。時間は何か落ちつかない、休まない、絶えず心をそそのかすようなものを持っていて、世捨て人にでもならなければ、容易にこれから完全に逃れることはできない。時と共に生きようと思う者は、時と共に走らなければならない。現代社会を適当な高空から眺めて、同時に細部まで正確に観察できたら、それはおちつかずに動いている蟻の群の情景を呈するであろうし、その間断のない動きの中を、夜も昼もやたらに走り回っている多数の列車のすがただけで、観察者の頭脳は早くも混乱するに違いない。そして実際、この呆然自失のいくぶんかは、時代の動きに積極的に参加しているほとんどすべての人々に共通となってきている。

しかし実際また世の中には、なぜ自分が一日中こんなにいそいでいるのか、もはや全然わからなくなった人達が無限に多い。また何か家には重大な仕事が待っているかのように、街をせかせか通り抜けていったり、鉄道や劇場でむやみに人を押しのける、しかし実は閑人《ひまじん》といった連中がたくさんいる。つまりかれらは一般的な流れに従っているのである。ほんとに、時間ぐらい貴重な稀有なものはこの世にないのだと思いこみたくなる。なぜなら、時とよく比較される金の方ならば、十分に持っているという人々でさえも、今日ではもう時間がないのである。また使徒パウロに負けずに金銭を軽蔑する人たちでさえ、われわれにたえず「時間を買い占めなさい(1)」(利用する意)と勧め、その態度にはしばしばせきたてるようなものがあって、私なども子供ごころに嫌な気がしたものだ(1)。

(1) この情け容赦のない時間利用の精神は、瑣末なことにまで及んでいる。多くの「教育ある」人が、時間がないという口実のもとに、物を送られても返事をしない。しかし葉書に一言「ありがとう」と書けないほどいそがしい人間は決していない。手紙をもらって長いこと返事をしないというのも同様十中八九、たんに悪い習慣にすぎないもので、これも時間のないせいにされる。この問題の人性論的意義は、自分が容赦なく追いたてられる人間は、他人にも休息を認めずしきりに迫いたてる人間の側にまわるということである。こんなことでどこまで行くのであろうか？　主義というものは通常その最後の帰結まで進み、そこでこれまでの反対に一転するものである。そうとすれば、ヨーロッパがほろびずに存続するならば、大きな怠惰に充ちた世紀がやがて到来するに相違ない。その兆候はしかしすでに若干ほの見えているのである。

(2) 幸いにも、キリスト自身は、勤労についてほとんど語らなかった。またつねにみずからあらゆることに対していそぐということがなかった。これは、時間の利用を偶像視する人々に対するわれわれの慰めである。全部カトリックの地方(エンゲルベルク、ディセンチス、ルツェルン、チロール)は、疲労した人間がのんびりできるあるものを持っている。そこではたえまのない労働への駆りたて、いわば「奴隷監督人の棒」を見ない。むしろ、最も卑賤な民衆にとってすら、たんなる労働以上であるところの人生がある。これはカトリック教会が今日持っている魅力の一端をなしているものであるが、教会が勤労へと人々を激励するようになれば、これも失われるであろう。

しかもこうした性急と不安をもってして生みだす結果は、全体としてこれを見ると、それほど巨大ということはない。今日のようにすべての人間が焦躁と過労に陥るということなくして、しかも人間的活動の多くの方面において、現代以上はるかに多くのものをなしとげた時代と人間があったのである。今日どこにルターのごとき人がいるだろうか? あの信じられないほどの短期間に、あのような仕事をなし終えて少しも参らず、少なくとも半年、一年といった「休養」も「息抜き」も必要としない。それで出来上がった聖書翻訳は、この種のものとしていまだこれを凌駕するものがないというものである。今日の学者の中で、その著作がついに数百巻の二折判《フォリアンテ》をみたすという者があるだろうか? あるいは芸術家の中に、ミケランジェロやラファエルのように、絵をかくことも、建築することも、彫刻することも、詩作することも同時にできるような者、あるいはティツィアーノのように、毎年温泉や療養地に行くでもなく、九十歳に及んでなおさかんに働いている者がいるだろうか？　してみれば、今日の性急さと神経質の原因は、近代人が過去の人々より、より多く、よりよきものを作り出しているという点には全然求められない。おそらく多大の休息は取らないでも、焦躁を知らずに生きて、しかも何事かをなしとげるということが、可能なのに相違ないのである。

そうしたことができるための第一要件は、確実に次のような決心である。すなわち、一般的な潮流に流されるままにうかうかと流れていかず、むしろこれに抵抗し、仕事の奴隷にも快楽の奴隷にもならず、自由な人間として生きようとする、この決心である。

しかし、同時に現代の労働の分配の仕方、またそれに劣らず、己れの子孫のために金を蓄積することを目指した「資本主義的」考え方が、事態を非常に困難にしていることは否定されるべくもない。

したがってわれわれの問題もまた、文明人類がふたたび労働の平等、所有の平等に到りつく以前に通過しなければならない革命と密接に連関しているのであって、これがこの問題の大きな背景をなしているのであるが、ここではこれ以上深くは触れないことにする。

働かねばならぬ時にだけ働き、そしてかれ自身およびかれの家族を、この重荷からできるだけ早く解放するためにのみ働く人々が、それもとくに教養ある階級に存在し、また「私は帽子にしか羽根（同時に、ペンの意、仕事の象徴）の要らない家の出です」と得意然と言い放つ人々が存在するかぎりは、少数者が時間を持ちすぎるというまさにそのために、あまりにすこししか時間を持たない多数者がいつまでも存在するであろう。

したがって、われわれの時代としては、主として小さな手段に訴えた防御的態勢のみが問題となるわけだが、それは次のようなものである。

（一）　時間を生みだす最もすぐれた方法は、一週に六日（五日でも七日でもない）、一定の昼間の（夜間ではない）時間に、断続的ではなく、規則正しく仕事をすることである。夜を昼にかえ、日曜日を平日同様にするのは、決して時間と働く力を獲得しない最善の方法である。数週、数か月にわたるいわゆる「骨休め」も、それを文字通りに取って、あらゆる仕事を完全に休止するという意味ならば、むしろ考えものであろう。

規則正しい仕事こそ、とくに中年期においては、肉体および精神の健康を保持するところの――なお御婦人方のためには「美のためにも」と私は付け加えたい(1)――最善の方法であるということ、このことが、今日よりもいっそう明確に主張され証明される医学の時代が到来するであろうことを、私は望む者である。有閑は仕事よりも、はるかに人を疲れさせ神経質にし、本来一切の健康の基礎である抵抗力を弱めるものである。

（1）　この一文は、元来は男女聴衆に対するいわゆる大学公開講座のためのものであったので、その表現のあとが随所に残っている。

もちろん、仕事のやりすぎということも起こる。これはとくに、人が仕事の際に、その成果、すなわち出来上がったものだけに執着して、働くこと自体を愛さない場合、つねにそういうことになるものである。こういう場合には、正しい適度を守るということが、非常に困難なのである。すでに大昔の説教者は嘆息をまじえて言っている、「人おのおのに、その分に応じて仕事が課せられている。しかし、その分を守りえないのが人の心の常である」と。しかし自然は、その点で一個の警告者をわれわれの脇につけておいてくれている。それは仕事から生ずる自然の疲労であって、われわれはこの警告者に注意していさえすれば、理屈も何も要らず、バロメーターを常に手許に置くことになる。刺激物などで疲労をごまかしてはならない(1)。

(1) 皇帝アウグストゥスの格言「ゆっくりいそげ」もここに付け加えていい。自己および他人を過度にせきたてることは、通常、実際に物事を片づける助けにならない。

(二) 規則正しい仕事を、きわめて容易にしてくれるものは、いうまでもなく、一定の職業である。これにはまた一定した仕事の義務がついてくるからである。だから、国家小説や社会主義的作家が、勤労の一般的組織を軍隊の形式を借りて思い描くのは、きわめて適切な発想である。つまり、勤労の秩序や義務の遂行が最も強調される生活形式というわけである。軍務に服しているときほど、過労の場合は別にして、身体の調子のいいことがないのは、体験者なら誰でも知っている。そこでは、毎日のどの時間にも、きちんと割り当てられた、やろうかやるまいかなどという反省的妨害がはいらない

任務があり、また誰も次の日の任務をあらかじめ考える余裕なんかないのである。(1)

（1） われわれは、市民的交際においても、洗練された軍人との交際をあのように快適なものにしている好意的な簡潔と明確さを見習うべきである。常備軍のある国の読者の場合、上記の軍人の形容詞はとくに注意を払う必要がある。

現代の多数の富者の不幸は、かれらがたとえ――よく世間で言うように――「そんな必要はない」にせよ、やはり定職を持たないことにある。眼科医になったあのドイツの王侯の実例をもっと真似するようになれば、かれらのうちの多くの者は、たえずみずから不満を感じている知的道楽《ディレッタンチズム》から救われるであろう。また私は、今日女性を捉えている好学心の一部は、結局、職業的な仕事を求めようとする人間本性の要求に、深くもとづいていると信じざるをえない。

（三） もう一つの、現在しばしば論じられている問題は、仕事のために一日の時間割をどうつくるかということである。非常に通勤距離の大きな大都会や、多少とも機械的な仕事をしている独身者や、あるいはまた仕事を重荷と見てできるだけ早くこれを片づけなければならないと努める人たちにとっては、いわゆるイギリス流の、ぶっつづけの労働時間が適していないこともない。しかし、そうしたやり方では、昼休みも十分に取るわがスイス流のやり方のように、ほんとうの精神的労働をたくさんやってのけることは不可能である。六時間、ないし八時間ものべつまくなしに、あるいはほんのちょっとした休憩を取るだけでは、誰でもほんとうに精神的な生産力をもった仕事をすることはできない。

しかし休憩を一時間ないしそれ以上にのばすと、後半の労働時間がいちじるしく短縮されるから、実質的には結局従来と同じことになる。これに反し、われわれの現在のやり方でいけば、十時間ないし十一時間、すなわち午前四時間、午後四時間、晩に二時間ないし三時間働くということは、まったく容易である。ところでわれわれの仕事仲間の大部分は、普通は「勤労者」と呼ばれる名誉を持たないけれども、あの好評の八時間労働制ではとてもやっていけないであろう。

(四)　つぎに大事な点は、自分自身をうるさ型にしないことである。言葉を換えて言えば、時間、場所、位置、気乗り、雰囲気などに長い準備工作をしないことである。

気乗りは、始めてしまえば、おのずと生じてくる。そして最初にはよくある、ある種の疲労感のようなものは、それが実際に身体の原因から来ているのでなければ、仕事に対してたんに受け身でなく、むしろ攻めにまわれば、消えてなくなるものである。

「決心して、まずできそうなことを敢然と、
髻《たぶさ》をとってひっ摑まえるんです。
そうすれば、意地でも手離さないことになって、
ここに必然の勢、先へ仕事をすすめることになる。」(ゲーテ『ファウスト』舞台上の前戯)

もしわれわれがこの人生で、自分の心に住んでいる使徒パウロのいわゆる「古い人」というなまけ者に、いま何をしたいか、何をしたくないかといちいちかかりあって訊ねていたら、この「古い人」

は真剣な仕事に決して賛成投票することはなく、宗教ないし道徳の結構な道をふむことで満足しているであろう。——人間のより悪い部分は、より善き部分の至上命令に不平などいわずに服従するように馴らされなければならぬ。軍隊的規律でこれが行なわれるようになれば、ここに人間は正しい道についたのであり、それまでは未《いま》だしである。こうなって初めて、かれの人生がうまくいったこと、失敗したのではないことが、明らかになるのである。

あらかじめ思考を集中するとか、仕事のことを思いめぐらすとかいうのは、たいがいは口実であって、そのうえ葉巻に火でもつけるともなれば、なおさらである。(1)

(1) 喫煙は、これにつきまとういろいろな煩わしさのため、大いに働こうとする人々にとっては、完全に悪い習慣である。

最もすぐれた着想は、仕事の最中に湧いてくる。しかもしばしばまったく別の対象を持った仕事をしている際に起こってくる。現代のある有名な説教者は、完全に真理とはいえないが、独創的な言葉を吐いている。曰く、聖書の中には、仕事をしていない人間に天使があらわれた例はあがっていない、と。

(五) これと直接に関連があるのは、時間のこまぎれを利用することである。多くの人々は、いつも仕事に取りかかる前に、何の邪魔もはいらない広大無辺な時間のひろがりを眼《ま》のあたりに持ちたいと思うから、そのために時間がないのである。ここにはさしずめ二重の自己欺瞞が存在している。というのは、そうしたものは多くの生活環境では、実際に生みだすのがすこぶる困難であるばかりか、人間の仕事をする力は、広大な時間を間断なくみたしうるほど無限なものではないからでのる。とくにほんとうに何物かを生みだそうという精神的仕事の場合には、最初の一時間、あるいは往々最初の三十分が最善の時間だといっても、決して誇張ではない。

しかし、実際に大がかりな仕事の場合は別にして、どんな仕事でも準備的な、整理的な、機械的な種類のたくさんの副次的作業が必要であって、それは各十五分もあれば片づくようなものだが、これが主要な労働時間と精力とを食ってしまわないためには、さもなければ無駄に経《た》ってしまう例のこまぎれの時間をあてるがいい。こまぎれの時間を利用すること、そして「今日はもう始めても無駄だ」という考えをやめること、これができれば、その人の全労働能率の半分は達成されたと主張して差し支えない。

(六) さらに、時間節約の主要な方法の一つは、仕事の対象を変えることである。対象を変えるのは、完全な休息とほとんど同じである。そしてこのやり方にある程度熟達すると――これは考察よりもむしろ練習の結果得られるものであるが――われわれはほとんど終日はたらきつづけることができる。(1)

(1) 二つの仕事のあいだに、ほんとうに清新な読書をはさむのも、強壮剤のような効果をあげるものである。だいたい人間はその精神が生き生きと動いているときには実にたくさんの仕事ができるが、その反対に精神がいわば肉体の藻になり、それに囚われてしまっているときには、実に少ししかできないこと、驚くばかりである。

いつもまず一つの仕事を完全に仕上げてから、他の仕事に着手するというのも、少なくとも私の経験からすれば、間違ったやり方である。これとは反対に、芸術家が往々非常にたくさんの計画や手をつけた仕事に取りかこまれていて、自分では左右し難いその時の気分の動くままに、あるいはこの仕事、あるいはあの仕事と向かって行くのは、油の乗った正しい行き方である(1)。

(1) われわれはこうした仕事のやり方で、一挙には到底できないような、あるいはあとで長い休養を必要とするような、かなり大きな仕事を、だんだんと、骨折らずに仕上げることができる。間断なく仕事をして、ある労作を仕上げたらば、あとはすっかり参ってしまったという学者が今日往々にしてあるのは、この辺の事情による。総じて正しい仕事のやり方は、長持ちする。無益な、あるいは配分の正しくない仕事は人を消耗させる。本文に述べたことは、かなり大きな、即座に片づける必要のない仕事に関したもので、手紙のやりとりなどにはあてはまらないことは、いうまでもない。この場合は、手紙を読んだらすぐに返事を書くということが、最も時間を取らない最善の規則である。

ついでに言うが、これはまた自己統御のすぐれた方法である。なぜなら「古い人」は、しばしばわれわれの内部のより善き人間に向かって、「自分は元来怠け者ではないが、いまはただ何々の仕事に気が向かないだけなのだ」と説いてかかるからである。そのときわれわれは自分自身に向かってこう雷わなければならぬ、「よし、それなら別の仕事にとりかかれ」と。こうやれば、気乗りがしないのはたんに特定の仕事に対してなのか、――この場合には、気分にさからうに及ばない――それとも仕事そのものに対してであるかが、すぐわかるはずである。われわれは、自己自身にも瞞《だま》されてはならない。

（七）もう一つの点は、迅速に仕事をすることである。そしてたんなる外形にはあまり重きを置かず、つねに内容に重点を置くことである。迅速に仕上げられた仕事が、最善で、最も効果的な仕事だというのが私の主張であるが、仕事をするたいがいの人たちは、その経験から、私に賛成するであろう。[1] もちろん私は、ホラティウスがその詩に九年間も推敲を加えることをよしとしたのを知っているが、これは自己の詩に厖大な価値を置く人でなければできないことである。

（1）世界史上最高の文学的作物のきわめて多くのものが、純粋な偶成的著作である。たとえば、福音書、使徒の書簡がそれであることは疑いの余地がないが、旧約聖書の大部分、コーランの幾つかの章もおそらくそうである。近世では『天路歴程』、『アンクル・トムの小屋』、ルターやラサールの小論文、これらはもはや誰ひとり現代の教義学の教科書やマルクスの『資本論』を読まなくなっても、なお読まれるであろう。現代のある警抜な説教者が言っているように、体系的に完璧なものは、大部分虚偽である。これを確認するためには、どの学問的領域でもいいから、二十年前に書かれた最も著名な体系的教科書の類をのぞいて見ればいい。

徹底性ということは、それが、徹底的に究めなければならない真理に関するかぎり、きわめて立派な必要なことである。しかしまた誤れる徹底性というものもある。それは調べる価値のない、もしくは、まったく知ることのできないようなあらゆる瑣末事、枝葉のことにまぎれこみ、したがってきりのないものである。却ってそうしたものが時として深い学問だという後光を放つことも、もちろんある。学問は、多くの人々の見解に従えば、その対象がもはやまったく目に見えるように目的や利益を持たなくなったとき、あるいは著者が一生涯ただその一冊の本に思いを凝らしたというとき、はじめてほんとうに深いものなのだというわけである。

真理は、いかなる部門でも、概してきわめて単純である。そのためしばしばどうにも学問的に見えない。そのため、これに体裁のいいアカデミックな性格を与えるために、本来必然的にこれに属しているものの上に、なお何物かを付けくわえなければならない。さらに学者仲間にはいるとなると、そのためにはたいがいの場合、まずどこかの世紀のこれまでに知られていないがらくた類を掻きあつめて、これで自分自身にも他人にも無益な労作を拵え、それで学者の株を買うというわけである。ラサールのように、「闇黒の人」ヘラクレイトスについてあの有名な著作をなしとげたのちも、なお生涯智力と見識を保持するということは、誰にもできることではない。多くの人はその反対に、そのような学界に認められるひと仕事をしたあとは、肉眼の視力ばかりでなく、もっと価値のある精神の眼光をも失い、自己の人生目標に達したときは全然使いものにならない有り様である。(1)

(1) 学問と行動とを相互に交代させることは、たしかに人間の精神を最も健全にたもたせる。たんなる学識は病的なあるものであり「青白い思想の病気にかかる」というのは決して誇張でない。あらゆる時代の最大の学者にして、往々に、一個の男子と呼びがたいものがある。それは政治生活に最もはっきりとあらわれ、かれらは、学者たるにふさわしく自由の主張者となるかわりに、きわめてしばしば権力の讃美者と化している。

（八）　時間節約のさらにもう一つの有効な方法は、すべてのことを、たんに「ひとまず」あるいは暫定的にやる、のではなく、ただちにほんとうにやることである。

これが今日では非常に稀れなのである。そして私の見るところでは、その責任の大半は新聞にある。新聞は人々にそうした表面的にざっと見るという習慣をつけている。その論説の終わりにはよく「われわれはいつか機会を得てこの問題を論じたい」と述べてあるが、それはすこしも実行されない。そして現代の読者もまたその調子にならうのである。いつかかれが読んだものを利用しようと思えば、はじめからやり直さなければならない。今では一つの術語となったそのあわただしい「眺め読み」からは、何ひとつ頭に残っていないのだ。ところで、そのために使われた時間は、失われた時間である。

だから人々は今日では徹底的な知識が実にすくない。そしてきっかけのあるたびごとに、すでに十遍も読んだものを、十一遍目にまたしても勉強しているわけである。いや、せめて自分の書いたものでも全部覚えていられたら、さぞうれしいだろうといっている人々もある。

（九）　外面的にこれと関連しているのは、秩序ということ、また原本を読むということである。秩序がよければ、ものを探しまわって、周知のように、そんな時間ばかりか、仕事をする気までなくしてしまうおそれがない。また秩序がよければ、対象をつぎからつぎと、頭から追い出していくことができる。原本を読むことの主要な利益は、これによってのみほんとうに確実な知識が得られ、自身の徹底的な判断を下すことができることであるが、その上、副次的な利益を伴っている。それは、もとの本というものは、たいがいの場合、それについて書かれたものより、はるかに簡潔であるばかりか、またはるかに面白く、また記憶に残りやすいことである。受け売りの知識は、決してもとの本そのもののような勇気と自信とを与えない。そして（すでにヴィンケルマンが言っているように）古代の学問にくらべたときの近代の学問の一大欠点は、それが多くの場合、もっぱら他人がその問題について何を知り、何を考えたかということを、知るということだけで終わっている点なのだ。

＊＊＊

しかし時間を手に入れる方法の要点は、以上で尽きず、まだまだある。それは、すべての無用なことを自分の生活から追放することである。ところが、近代文明が要求するように見える実にさまざまなことがこれに属している。そこで私は、次に挙げるものに読者が適当に選択を加えて、これを受け入れられたら、大いに満足を覚えるものである。たとえば――

無用なこととは、時間構わずに飲むビールである。とくにビスマルク公のおかげで登場を許された朝の一杯は、完全に無用である。ビール醸造業者はおそらく現世紀最大の時間ぬすびとである。おそらくやがて過度のビール飲用に対しては、すでに別の種類のアルコールに対してなされているのと同様に、人々が断然たる態度で臨む日が来るに相違ない[1]。

（1）「貧乏者のちょっと一杯」という悪い意味の諺があり、世間はこうしたことに限って風当たりが強いが、しかし如上の関連で、たしかにゆるされるものがある。

次には、誰もが新聞を読みすぎることである。今日「教養ある」人々で、新聞以外にはもう何も読まない人がある。そのありとあらゆる様式で建てられ、装飾された家の中には、良書は十冊もないという始末である。かれらの思想はことごとく新聞雑誌から得たものであり、新聞雑誌の方でも、こうした読者にますます調子をあわすようになっている。

こうした新聞の読みすぎと、新聞ばかりしか読まないことは、わが国では、往々政治的関心ということで、言いわけされている。しかしそれがどこまでほんとうか、それは新聞の中のどこが最も好んで読まれるかを、見さえすればわかる。――また新聞を読むのにあてられる時間は、いつでもいいというものではない。朝の最初のいい時間をまず一、二の新聞でつぶす人は、終日ほんとうに仕事をする気をなくしてしまう。(1)

（1）　最大の政治的活動をしている著名人で、もはや新聞を全然読まない人々が現にある。知る価値のあることを第三者に簡単に報告させるだけである。そのうちこうした「要約された」新聞が拵えられるであろう。

その上、祝祭と会がある。今日、何々会に熱をあげている人は、ほんとうの仕事に打ちこむ時間をもう持つことができない。またもちろんそんな必要もないわけである。なぜなら、かれは自分の力の代わりに、自分をかつぎあげている大衆の力を利用すればいいからである。さらに祝祭となると、およそ考えられるかぎりの機会が探しだされるばかりでなく(1)、またその期間が長くなって、いまでは祝祭そのもののために半週間から数週間、その準備のために数か月をかけてもなお十分でないのである。しかもその際になされるいわゆる「仕事」は半日もかければ完全に片づくようなものである。だから、有能な人たちはだんだんとこれから手を引いて、ほんとうの「お祭り屋」だけが残るということにもなり、またこの連中は時間があまっているから、祝祭の方もその調子というわけである。

(1) 後代の人々は、われわれを幸福な種族だと思うに相違ない。なぜなら現荘ほど祝いごとの多かったためしはないからである。われわれはたえず何かの祝賀会の準備中である。何年祭というものが来る。それもいまでは百年が単位でなく、七十五年、五十年、二十五年、二十年もたてばもう記念祭である。また一方、詩人はその還暦を迎えたかと思うと、たちまち古稀に達し、学者は博士号を得て五十年の祝賀、役人は二十五年勤続といったように来て、それをまた「発起人」が時を逸せず世に伝える。祝祭をあげなければ、結局変人の組にいれられる。カレンダーがこうした現代の聖徒記念日をあらかじめ載せていないのが、不思議なくらいである。すべてのこうした祝祭の主要動機は、怠惰癖である。

一部の現代人のあいだで、体裁のいい口実のもとにひどく時間をつぶしているのは、芸術である。それも、音楽はまず別として、自分で手がけた芸術ですらなく、たんに受動的に受けいれている芸術である。このいくぶんか高級な享楽欲のうちに、今日多数の人々は、かれらが心の中に備えている理想主義と、偉大さと美とに対する感覚のすべてを、はかない煙と化しているのである。

現代の女性社会の一部は、率直にいえば、芸術のたんなる享受を目ざして教育されている(1)。そしてこうした教育の結果、あとになって、何か役に立つ仕事――それだけが人間を心から満足させるものである――につこうとすれば、大きな闘いと回り道を経なければならない。

(1) これが世俗的であろうと宗教的であろうと、ほんのわずかな相違しかない。多くの貴婦人たちの副業であるいわゆる「慈善行為」も、月並な有閑生活の表面的な言いわけにすぎないことが多い。きわめてすぐれた教養のある女性にはこの無益な享楽的生存は最も嫌悪すべきものである。かの女たちはこの重荷をもはや負いきれず、ここに、かえってその魂は「捕われて行く」(イザヤ四〇・二)。救世軍の婦人たちが、ヒステリー的発作でない、真実の幸福に達するとすれば、それは以前に知らなかった単純な、規律ただしい活動のおかげである。

その上なお、多くの社交と、これに結びついた何の目的もない訪問の習慣がある。どちらも昔はほんとうに意味があって、個人的交際が生みだす精神的刺激、真の友情という裏づけがあったが、今日ではそのむなしい形骸が残っているにすぎない(1)。

(1) 私は、ゲーテの「適わしい礼儀のことは、高貴な婦人たちに伺わなければならぬ」という言葉を大いに尊重したいが、このお伺いに対して、従来よりも短い時間で、早目の朝のうちに答えがもらえるような方法が発見されなければなるまい。ついには婦人たちの御託宣を求めて巡礼の度がすぎることになりかねない。

演劇については、あまり言葉を費したくない。これが、その真の目的を果たすためには、現在の状態のいわば面影をとどめないぐらいの徹底的改革が必要であろう(1)。現代のいわゆる文化的要素の、演劇以外のものについては――私は唯物論的哲学の浅薄な、いわゆる大衆的といわれる著作、それから劣悪なフランスの小説や戯曲を挙げるにとどめる――、今日の最も教養ある人々、とくに大学関係の人々は、われわれはそんなものは知らない、と公言する勇気を持つべきであろう(2)。

(1) 今日蔓延している音楽会熱病も、たいがい内心の空虚をみたそうという試みにほかならない。同様に、たえまのない政治的不穏の大部分も、普通の仕事によろこびを感ぜず、何か事あれかしと願わざるをえない連中から起こるのである。

(2) 各種類を代表する一篇を読むことは、教養をひろくするために、あるいは必要であろう。しかし、文学者、ジャーナリスト、文学史家でもないのに、フロベール、ゾラ、イプセンなどの一篇以上を読む者は、かれの時間と趣味をそこなうものである。ここにかれが「彼女」である場合には、なおその本性と社会的任務を傷つける。

そうすれば、われわれはおそらく、何か真面目な、普遍的教養にほんとうに役立つようなものを、日毎に読む時間を見出すことができるであろう。このことは、精神を強めるために必要であり、それによって、われわれは時代の精神的動きとほんとうに接触を保ちうるであろう。

さて読者から「大学公開講座は時間つぶし」を訴えられないように、なおただ二つのことだけは述べておきたい。その一つは、ローテがつぎの言葉で表現しているものである。すなわち「私個人の事柄を持たぬということは、格別の努力に値いする目標である」と。ともかくわれわれは、その気になれば、私的な関心事とその処理をかなりに収縮させて、そのかわりに、もっと一般的な思考のうちに生活することができ、この方が快適である。

その二は、これは効果の見地に立つものであるが「君の学んだもの、君に委ねられたもののもとにとどまれ」ということである。そう限れば、読者はつねに十分な時間が持てるであろう。古代イスラエルの格言は、これをいささかずけずけと言っている、「自分の畑を耕せばパンはありあまる。無用なことに手を出す者は馬鹿者。」

われわれには何の関係はなくとも、ともあれ社会に何かの意味があり、いくぶんか文化に必要なものであるならば、われわれは生きているうちに一度、その実際の本質と核心についての明確な概観を、最上の源泉から得ようと努めなければならない。その上で、それ以上深入りせず、それから静かに離れればいい(1)。

(1) たとえば法律家は、一度専門家の口からコッホの治療法について正確なことを聞いたら、それで十分である。もう新聞の数段にわたる長い文章の類は全部読まないでいい。ラサールがその「公開答状」の中で、「自分の仕事の実質的結果に到達する方法は、己れの力を一点に集中して、右顧左眄《うこさべん》しないことである」と述べているのはまったく真実であるが、さらに望むらくは、ただこの一点が適わしい高所にあることである。別の言葉で言えば、それが遊戯三昧や好奇的なものでなく、人類にとって価値あることでありたいのである。

私はこの時間浪費の章を、次の言葉で結びたい。曰く「われわれはまた無用な仕事を決して自己に課してはならない」と。ところが今日、それはむやみに多いのである。たとえば通信、委員会、報告、それに――講演というかたちで来るのである。これらは時間を食い、しかも十中八九得るところは何もない。

使徒パウロでさえも、アテネ人に説教したときには、人々はただ「何か珍しいこと」を聞くつもりで、真面目なことや、かれらの魂をゆすぶるようなことは全然聞きたがらないということを、経験しなければならなかった。かれの説教の全収穫は、多数の者に嘲笑され、最も好意心な人々からさえも「いずれまた聞くことにする」と親切を売るように言われただけであった（行伝一七）。

この事件の報告者はだから、使徒の話を聞いた聴衆の中で、一人のその地の裁判人と一人の婦人だけが忘れられない利益を得たということを、特記する必要があると思ったのである。

われわれの時代の「講演」も、読者を永続的な見識となんらかの方向における決断にみちびくようなものかどうか、それともそれは「講壇的《アカデミック》」であり、それにとどまるものであるかどうか、これは諸君にお訊ねしたいことである(1)。

（1）講演が通常そうしたものだということは、しかし聴衆の責任でもある。かれらはたいがい主としてその外形から判断して、内容が全然無価値であっても、またよくわからなくても、立派な講演だ、というのである。この意味では、まさしく教養階級の間に驚くべき無批判が支配しており、普通の人々の方が正しい感覚を持っている。

かれらは真実《まこと》よりも
評判《うわさ》をかえりみ、技能《わざ》と
理性《ことわり》を問うよりもさきに自己の説を立てる
（神曲、煉獄篇第二七歌）

なお、拙著『読書と演説』中の「演説について」を参照されたい。

現代の真の不幸といっていいものは、総じて純文学むきに教育され、教養を与えられただけで、それでもうほんとうの教養人だと自認している者の多いことである。かれらは真の満足を欠いているから、「何か面白いこと」にたえず精神的渇望を覚えている。ここから文学新聞、雑誌、文芸欄の雑文、煽情小説、傾向小説、いわゆる「学問的」な、あるいはその他の講演などがことごとく簇生してくるのである。それらはほんのわずかの間「時代の要求」に応ずるように見えるが、たちまち、かれらみずからの呼び起こした空虚を埋めるのに、まったく不十分なことが明白となるのである。

以上が、今日の状況のもとで可能な、有効な時間節約の方法である。

しかし、これを利用する人があるなら、私はこう付け加えておく。すなわち、時間があり余らないということこそ、われわれがこの地上で到達しうる幸福の最も本質的な構成要素である、と。人間の幸福の最大部分は、たえず継続される仕事と、それにもとづく祝福から成っている。そしてこの祝福が結局は仕事そのものを愉快に変えてしまうのである。人間の心は、正しく適切な仕事を見出したときほど、快活な気分になることはない。読者が幸福になりたいと思うなら、何よりもまず仕事を求めなさい。たいがいの失敗した生涯は、その人が全然仕事を持たないか、その仕事がすくなすぎるか、あるいは正しい適切な仕事を持たないか、そうしたところに根本原因がある。人間のとかく興奮しやすい心臓は、活気のある、しかもかれを満足させる行為の自然な動揺の中で、かえって落着いた鼓動を打つのである[1]。ただ、しかし、われわれは仕事を偶像にして、これに仕えてはならない。むしろ仕事によって、真の神に仕えなければならない。これを心にとめない人は、年配になると精神的あるいは肉体的に荒れすさんでくる。

（1）　周知のように、ローテはこれを精神的な仕事についてのみ言っているのであり、したがって何の制限もつけていない。われわれはあらゆる仕事がそうだといいたい。しかしそのためこう付け加える。すなわち、その仕事がその人の力量相応であり、かつその際の人間の心根が正しければ、と。社会主義者が抱く労働軍の着想は、すべての人にそれぞれふさわしい一定の職場を指定することになるわけだが、もし正しい分配の保証がなりたつならば、これは実際、人間の不幸の大部分を救う方策であろう。

総じて、信仰、信念の何たるを問わずおよそ人間を生涯見捨てず、あらゆる不幸に際していつもかれを慰めてくれるものが、ただ二つある。仕事と愛である。[1] これを放棄する人間は、自殺以上のことをするのである。かれらは、自分から投げ捨てたものがいかなるものかを、全然知らないのである。われわれはこの人生にあって、仕事なき閑暇には耐えることができない。人生の最上の約束は、アセルに与えたモーセの最後の祝福のそれである。「あなたの足跡は鉄と青銅に刻まれたように残り、あなたの力は、あなたの年とともに続くであろう。[2]」人間は、これ以上のものを望むべきではない。しかしもしそうしたものを持っていたら、これを感謝すべきである。しかし、不断の仕事におけるこうした満足は、もちろん野心沙汰がないときにのみ、ありうるのである。本来野心的努力とは、結局仕事をしようというのではなく、ただできるだけはやく、たとえ見かけだけでも成功をおさめようと欲することなのである。この野心的努力こそ、われわれがわれわれの子供たちを犠牲《いけにえ》にささげる、現代の真のモロホの神であって、他のいかなる原因よりも、この神が多くの年若い犠牲者を肉体的、精神的にほろぼすのである。その上、この野心的努力には、通常の場合、人生は短かく、純物質的な根底の上に立つものだという観念が結合しているが、そうした人生は、最強者のみに勝利をゆるす無慈悲な不断の生存競争が要求するものを、すべてわずかの年月の間になしとげなければならないのだから、おちついた幸福な仕事などということは、もはや全然問題にならない[3]。こうなっては実際、時はあまりに短く、業（わざ）はみなあまりに長し、ということになる。

（1） 純粋に実際的な見地によったのである。もっと精神的に解釈すれば、この人間存在のあらゆる不幸に対する万能薬は――神の近くにあること、である。

（2） 中命三二・二五〔この引用文は邦訳聖書とやや異なる――訳註〕。なお詩篇九二・一五参照。

（3） 矛盾にみちた現代における最もいちじるしい矛盾は、一般に野心的な努力にみちているにもかかわらず、その努力が「神からも人からも嫌われ」ていることである。だから、今日いかなる地位にせよ利口な人物がいて、世人がこの人は決して野心家ではないと一度確信するということになれば、かれは非常に大きな勢力を持つことになる。いささか逆説的ではあるが、今日のようにあらゆる部門に月並の野心家があふれている時には、野心のないことが唯一成功しうる野心である、ともいえる。唯物論的人生観の時代はもはやめぐって来ないであろう。その支配はすでに頂点を越えている。そして二度とそれに達することはないであろう。元来それは何びとをも満足せしめなかったからである。この支配は、究極において、全然形式主義となった哲学、また同じく内面的に空虚な、たんに形式的な教会に対する絶望から生まれたきわめて自然な産物である。これに自然科学の過大評価がむすびついているわけだが、この自然科学の真に偉大な成果が皮相な思想家をして、人生のあらゆる領域の真理も、この方法で発見できるという迷信にみちびいたのである。この時代はいまや急速にその終わりに近づいている。われわれの次の世代あたりはまだ、この時代の影響を、最も恐るべき仕方で示すであろう。それから以後、より善き哲学の再建がはじまるかもしれない。

余計な無益なものにかかりあう時間はすこしもないが、正しく真実なことにはつねに十分時間をかけるというのがほんとうの仕事であるが、そうしたものは仕事の無限の継続ということが考えられる世界観、つまりこの地上の生がたんに生の一部にすぎぬと見る世界観の基盤の上に、最も早く成長するものである。

ここから、最高の使命への勇気が生じ、個人的あるいは現世的性質の最大の困難と障碍に対する忍耐が生じて来る(1)。そして、ある一つの世界観からすればきわめて正当に見えようとも、永遠の相のもとにこれを見るならば、たちまち一切の価値を失うようなものは、これを静かに拒否することができるのである。

(1) かくしてまさしく、たんに個人的、人間的な力をもってしては征服しえず、そのために無限の時間と大きな協力が存在するような使命があるわけである。それゆえ、このような場合には、何をわれわれが特別になすかというようなことはもはや問題でない。また、眼に見える成果をもはや必要としないわれわれの個人的満足にとっても、もはや問題でない。これは軛からの自由であり、自由人の仕事である。詩篇六八・二〇、イザヤ五八・六―一二参照。

これがまたゲルリッツの哲人(1)の、動揺する現代ではますます心をしずめてくれる美しい言葉の意味である。

「時を永遠とし
永遠を時として
生きる人は

すべての争いを免かる。」

（1）ヤーコプ・ベーメのこと。しかしこの句は、かれの著作の中でなく、かれの一友人の記念帳にしるしたものである。かれの全集の付録の部分「文献的報告」を参照。

幸福

一

哲学的見地からはいくらでも反対できると思うが、人間が意識にめざめる最初の瞬間から、意識の消滅にいたるまで、最も熱心に求めるものは、やはり何といっても幸福感である。(1) そしてかれが体験する最も苦痛にみちた瞬間は、この地上では幸福はまったく見出すことができないのだ、と完全に確信したときである。

(1) 幸福は実にわれわれの一切の思想の鍵である。誰ひとり幸福を求めないものはない。個人がそれに到達することができないときは、多数が共同でそれを追求する。幸福は、あらゆる学習、努力、あらゆる国家的教会的施設の究極の根拠である。「快楽主義」を非難するのは自由である。幸福は、人間の人生目標である。人間はどんなことをしても幸福でありたいと願う。最も厳粛なストア主義者でも、他の人々が幸福と見なすものを断念することによって、自己の流儀でこれを求めようとするのである。また、きわめて隠遁的なキリスト者でも、これを死後の生に求めるにすぎない。厭世家もまたその自負の中に幸福を感じようと欲し、仏教徒は無意識、いわゆる無の中にその幸福を置いている。およそ幸福の探求ほどに、すべての人間が一致しているものは、他に何一つない。

このただ一つの問題がまた、人類のすべての時代にその根本性格を、いわばその色合を与えている。

若い新興民族がなお幸福にのぞみをかけている時代、あるいは全人類が新しい哲学的、宗教的、あるいはおそらくは経済的方式をもってすら、世界改革の秘密を見出したと信じるそうした時代は、明るい。われわれの時代のように、すべてのこうした方式がすでに何度も応用ずみとなって結局幻想だったのだという経験が、広汎な大衆を圧迫しているように見える時代は、暗い。偉大な識者たちまでが現代では、「《幸福》という言葉は《憂鬱なひびき》を持つ。幸福を口にすれば幸福はすでに逃げている。だから幸福は本来無意識の裡にのみあるのだ」、とわれわれに告げている。(1)

(1) シャルル・スクレタン『幸福』参照。この問題についての最近の著作である。最も有名な古典は、聖アウグスティヌスの『幸福なる生活について』である。しかしそれらも、マタイ一一・二六の唯の一句に、如実に及ぶべくもない。

われわれはこうした見解に組しない。幸福は必ず見出すことができると信じる。さもなければわれわれは沈黙して不幸を甘受し、いたずらにこれを論じて悲しみを増すことはないであろう。ただもちろん幸福が論じられるところ必ず、その到達の可能を疑う静かな嘆息がこれに伴っていることは、たしかである。また同様に、幸福についての若干の誤った観念の方が、時として必要に見えることも、たしかである。この誤った幸福観念によって、個人にせよ社会にせよ、真の幸福の基礎として必要な、精神的・物質的段階にまで到達することができるということもあるのである。

こうしたところに、われわれがこの問題で遭遇する最大の矛盾がある。われわれは自己の体験によって、幸福をもたらさない多くのものに、あらかじめ知りあいになっていなければならない。いわばあの世界最大の詩人とともに「あまたの枝なす道によって、現《うつ》し身のはげしく求める甘い果実」が、ついに「一切の心の願いを鎮める」(1)にいたるまでに、苦悩の町を通ずる暗い小路を、浄火の山のけわしい道をみずから踏みこえていなければならない。

(1) ダンテ『神曲』(煉獄篇第二七歌)。

「あまたの枝なす道によりて
現《うつ》し身のはげしく求めるかの甘き果実は、
今日こそ君の願いを悉《ことごと》く鎮めるであろう。

…………………

登ろうと願う心は
いよいよ強まり、いまは歩みのたびごとに
羽生えいでて空を飛びゆく心地がする。」

これが長い道程の終わりにすぎず、本来の幸福な生活は、ダンテの天国と同様、人生の限界のその向こうにあるということ、これはわれわれが厭世主義と一応見解をともにしてもいいところである。厭世主義はここから、この「願いに願う心」にも、この正しい路にあって「魂に紫の翼を生じた」ように感じるこの感情にも、これでよしという真実無上の幸福がない以上は、やはり自分の方が正しいのではないかという、われわれとは反刻の結論を引きだすかもしれない。いかにも幸福の状態はいわばわれわれの理解能力の彼岸にあるが、しかしわれわれは幸福に到達することができる。そして一般に「年をとる」と呼ばれていることは、たえず進歩することであって、退歩することではない。これが人間に可能なる幸福である。みずから青年期をすぎた人々なら、これがどういう深い意味を持つかわかるであろう。

これは、人に教えることは至難であるが、しかしみずから到達することの可能なところである。この道程、とくにその最後の部分は、いかなる人もひとりで、いずれの側からの目に見える助力もなく、歩んで行かなければならない。そして、かれがこの途上においていくつかの大きな困難、独力ではおそらく克服できないような困難に逢着したときは、「金色の翼もつ鷲」があらわれて、大きな内的危機の果てに、疲れて眠っているかれを運びあげ、この困難を越えさせてくれるのである。(1)

(1)「この時われは夢の中で
金色の翼もてる一羽の鷲が
翼をひろげて天にかかり
降りようとするのを見ると思った
…………………
かの鳥はしばらく舞いめぐったのち
やがて電光のごとく恐ろしい勢いで降りてきて
このわれを摑んで火炎界にまで昇る、と思った。」
(ダンテ『神曲』煉獄篇第九歌一九行以下)

この「人生の諸段階」については、プルタルコスの説と関連して別の機会に述べたい。(『幸福論』第二部参照)

われわれがほんとうの意味で考察できるのは、多くの誤った幸福への道だけである。しかしこの誤った道を、新しい世代が登場するたびごとに、満たされぬあこがれを抱いて、繰り返しさまようのである。

人類が幸福を求めるこれらの道は、外的なもの、すなわち、富、名誉、生の享楽一般、健康、文化、学問、芸術であるか、あるいは内的なもの、すなわち、やましくない良心、徳、仕事、隣人愛、宗教、偉大な思想や事業に従う生活か、である。前の外的手段の方は、それらがなかなか誰しもの手にはいるというわけにいかないこと、したがって人類全体の幸福の基礎となりえないし、またいくらか高尚な精神を持つ人に対しては、良心のやましさを伴う享楽以外の何物も与えないという点に、すでにきわめて大きな欠点がある。今日、これらの人生の財宝を享楽しながら、日々己れのかたわらで零落していく何百万という人間のことを思えば、心の卑しい人間でなければ、誰でも内心おだやかならぬものがあろう。(1) このような感情から、キリストは「不義なる」マンモンの神について語り、富んだ者は天国に入りがたいと説き、他人から名誉を受ける者は信仰にいたりがたく、人々の間で尊重されるものはことごとく、「神の前では忌むべきもの」にすぎぬと、容赦なく言ったのである。これがアッシジのフランチェスコや、なおかれ以前、かれ以後の多くの人々を動かして、どんな犠牲を払ってもかかる富の桎梏《しっこく》を逃れようと決心させた、唯一の完全な論理である。富の桎梏は事実精神にとってもおそるべき拘束となるもので、(2) これを完全に免れることのできる人は、きわめてまれである。(3) きわめて大きな財産を所有し管理すること、名誉と権力を伴う地位につくことは、その人をしてほとんど絶対的必然性をもって、まさしく幸福の正反対である、硬化した心情の持主にしてしまう。年毎に数をましてスイスの連峰に押しかけてくる多くの心情喪失の徒は、せめて一時的にもこの喪失を埋めようとするのであるが、その中に如上の富者、名誉と権力の人を認めて、われわれは慄然とする。
（1） 人間はやはり本来社会的存在なのである。かれは同胞の苦悩が自分に何のかかわりもないかのように、同胞から自分だけを切離して考えることはできない。われわれは（幾多の経験から）、自分は「幸福な、持てる者」だから完全に満足だと称しているエゴイストを、簡単には信じない。これはむしろたいがいの場合、便宜的な嘘であって、よりよき心の動きを無理に忘却し、抑圧しているのである。馴致された動物でさえ、これらのたんなる自分だけの欲望の利己的満足よりはましな幸福、そうした欲望を犠牲にする能力を知っているように見える。
（2） とにかく、人がこの偶像から自由にならないかぎり、精神的自由については、全然これを問題にすることができない。
（3） われわれの牧師の中には時として、「財産に執着しなければ、これを所有してもいい」と言う人がある。今日ではこのような慰めを得て、わが財宝をよろこんでいる者が少なくない。若干の教会では、その宣教師に対してさえ、使徒パウロなどの思いもよらなかったような、快適な生活が必要であると認めている。われわれはこのような見方の当否を争おうとは思わない。ただわれわれには、観念上の貧しさを生きることは、現実の貧しさを生きるよりもさらに実行が困難だと思われるのである。だから、真剣な人たちこそ、現実の貧しさを、よりたやすい道として、選んだのである。いかにも根本は精神に違いない。しかし人間の心に及ぼす金銭の力は驚くべきものがある。
　私有財産の放棄は――それが不正の財でないかぎり――これをその所有者に要求することはできない。これだけは理論的に正当である。しかし財産所有者は、公共の観点からこれを管理し、財産の奴隷となることなく、その主人となるべく試みなければならない。これはもちろんいささかましな人間なら誰でも知っていることである。かれらはただ、そのような見解による経済生活の完全な実行可能性を信じる勇気がないだけである。キリスト教とも完全に一致する正しい社会主義は、理念的な、自由意志にもとづく（強制によらざる）、財産共有であるが、これはまたアリストテレスの要求するところでもあった。通常の社会主義は、粗暴な手でこの倫理的志向の開花を散らし、そのような普遍的志向の結果としてのみ、人類と――所有者にも非所有者にも――真に永続的な救済をもたらしうるものを、暴力的に強制しようとするものである。（所有者がこうした正しい志向を身に体したときはじめて、完全に正当な所有に到達したといいえる。）
（3）〔sic placement〕

たんなる物質的享楽よりも、いくぶん毛並《けなみ》がいいと自負しているものに美的享楽がある。しかしこれとても上述の「最も現実的な」幸福要素とくらべて、それほどましなことはない。その上、両者のあいだに限界線を引くことも決して容易なことではない。美的享楽者も時々――すでに、かれらの偉大な模範であるゲーテが、その作品および自身の生活において、証示したように――物質的享楽の見方に移ることがある（『ファウスト』参照）。いや、かれらの最近の流派は、ほんとうはもはや美的でないものを、理論的に美的芸術的と称する奇怪な道を取っている。こうした幸福追求者たちに向かっては、実際この種の幸福のあらゆる前提条件を、比類もない豊かさで備えていたかれらの偶像（ゲーテ）自身の言葉を、想起せよとだけいっておこう。「結局、私の生活は労苦と仕事以外の何物でもなかった。言ってみれば、わが七十五年間に、ほんとうに楽しかったのはものの四週間もなかった。それは転がり落ちる石をはてしなく押しあげているようなものだった。」

してみれば、七十五年間に、二十八日の幸福！　美的人間の眼からすれば、まったく悲惨以外の何物でもないような、苦労にみちた人生を送っている日傭人夫でも、まっとうな者なら、その人生の終わりにこんな哀れな証言をする者はないであろう。人間の本性(1)は享楽に向かうようには決してできていない。むしろまったく活動に向かっているのだ。そうした際に享楽は、たとえそれが最高最善のものであっても、きわめてほどほどに用いるような薬味であり、気分の転換たるべきものであって、これを過度に使えば、誰でも苦い幻滅を味わされることになる。およそほんとうの悦びを人間に与えるものは必ず人間本性の真実の要求に呼応しているものであって、これはだいたい正しい活動によって喚起されなければならない。これを勝手に生みだすわけにはいかない。この点にまた各人のさまざまな運命をして、だいたい清算相殺させるものがあるのだが、今日の時代の人々はもはやこのような考え方をほとんど信じなくなっている。昔はむしろ、こうした単純自然な人生のよろこびを、おそらく感傷的な意味で、過大に讃美しすぎたともいえるであろう。(2) それればかりではなく、現代の文学および芸術全般の審美的水準が低下していることは、あまりに明白であって、もはやとうてい今日の文化国民の真に教養ある人々を満足させることはできない。やがてこうした人々が、この学問、文学、芸術の「全盛時代」に居たたまらなくなり、(3) そうしたものの代わりに健康な野蛮を敢えて甘受するという時が来るであろう。オーストリアの詩人ローゼッガーは、こうした意味で、次のような未来図を描いているが、必ずしもたんなる想像とは断じがたいのである。

「現在でもすでに年ごとに、都会から田舎へ、山岳地帯へと民族移動が行なわれている。といっても木の葉が黄ばむころになれば、やはりかれらはまた都会の石壁の中へ戻ってしまう。しかしやがては、裕福な都会人は百姓の土地を買って耕作をやり、労働者は荒地を開墾して耕地を作るという時代がやって来るだろう。かれらは知識をふやすのはやめにして、肉体的な仕事を愛し、それによって逞《たくま》しい人間になるだろう。かれらは、また以前のように独立した、名誉ある農民社会が成立しうるような法律をつくるだろう。そして《無学な百姓》というきまり文句はなくなるだろう。」

(1) 教育に最大の障碍となるものの一つは、人間の空想力ではなく、その空想力と人間の実際の享楽能力との距《へだ》たりである。後になってはじめて、それもたいがいはもっぱら経験によって、人間はかれの願望を、自分の空想力ではなく、自分の能力にあわせて調整することを学ぶものである。

(2) 田園詩のダフニスとクロエは、もはやわれわれの文学ではなんらの役割を演じない。われわれの小説の恋人は、いまでは軍人と銀行家の娘である。しかしわれわれが信じて疑わないことは、今の写実主義文学のあとに、また情感文学がくるということである。これはなんといっても人類に楽しみを与えたものであるのに、現代文学のねらいは、すでに人生において醜悪で、執拗と思われるものを、芸術によってさらに強度にしようというのであるから。

(3) 学者、著述家、芸術家の夏ごろの疲れた顔を見ればいい。かれらはたえず「休養」を必要とするのであり、その休養の旅行中も、ほかの話題なら何でもいいが、ただ、本来かれらの理論によればかれらの人生の最高のよろこびであり同時に人類の最高の宝であるものについてだけは、話したがらない。自分の幸福であるものについては、当然誰でもよろこんで相手さえあれば話すものであるのに。

少なくとも、自然への復帰にあこがれ単純を愛する嗜好の時代が、ふたたび近づいていることだけは確実である。これは前々世紀の末頃にも起こったことで、王妃マリー・アントワネットがトリアノン宮でその廷臣たちを相手に羊飼いの役を演じたりした。その戯画ともいうべきものが、今日すでに現われている。というのは、夏ともなれば紳士淑女が粗毛の服を着、釘を打った登山靴を穿《は》いて、自然的人生観を試みるからである。かれらはこうしたいでたちで農民やアルプスの山びとの生活に接触し、そのすっかり現代ぼけした感覚の許すかぎり、なお幸福を味わっているのである。(1)

(1) その一例は、不幸なバイエルンのルードウィヒ二世で、国王はその生涯の最良の時期を、スイスの素朴な人々のあいだで過ごした。フリードリヒ大王がはげしく非難したように「貴顕の人々」が始終無益な狩猟に日を送っているのも、少なくとも一部分は、如上の背景を持っている。同様に美術におけるデフレッガーのような傾向、それから、逞しいもの、さらには「巨人的なもの」といったとくにドイツ文学の愛好する表現も同様である。これらはことごとく、結局美的人生観への抗議である。

実際気楽で何の心配もないということでも、よく考えてみれば、これは生涯そうした境地を知らなかった人の理想にすぎない。適度の心配（これは本来は心配ではない）、およびそれから解放されること、これは人間幸福のきわめて大きな部分をなすものである。人生において最も堪えがたいものは、悪天候の日の連続ではなくて、むしろ雲一つない日の連続である。

以上のような物質的傾向の幸福探求者にくらべれば、むしろ義務の遂行、徳、やましくない良心、仕事、公共的活動、愛国、善行、人間愛一般、あるいはさらに教会的な信念などの道によって「青い花」を求める人々の方が、ずっと利口である。

しかし、現代の厭世観的気分の基調のほとんどは、これらの道のどれを取っても幸福というものはつかまえにくく、あるいは、期待しただけの分量もとても手にはいらない、という経験にもとづいている。まさに、現在しきりに横行している無遠慮な「現実主義」の大部分は、これによって幸福になれるという確信の結果では決してなく、あらゆるそれ以外の道に対する絶望の結果にすぎない、と考えても、おそらく間違いではないであろう。つまり、仕事もいわゆる徳も、魂の平和をもたらすことができないなら、――公共的活動も善行も愛国も幸福にするどころか、ごまかしで、宗教にしても大部分、たとえ全然空語ではなくとも、なんら客観的確実性を持たない形式にすぎないなら、すなわち、それら一切の道は空の空なる虚栄にすぎないなら、「われわれは食い、かつ飲もう。明日は死ぬのだから」（イザヤ二二・一三）ということになるのである。

　われわれは、道学者の普通の攻撃法とは違って、右のような考え方の結論だけを否定しようとするものであって、現代の持つ長所を見落とす気は全然ない。現代の長所は、一切のたんなるおざなりな空語を受けつけない、真実に徹する愛好というものが強く出ているところにある。この真実に徹する愛好は幸福を欲するが、しかしその幸福は誰にでも必ず到達される明確な事実としての客観的な幸福であって、決してたんに考えられただけの幸福ではない。この点はまったく正しい考え方であって二千年来の歴史におけるそのすべての先駆者にまさっている。われわれの求めるものもかかるものであり、誰でも人生の正しい道につこうとする者は、一切の偶像を容赦なく捨ててしまうところから始めなければならない。生まれ、境遇、習慣などによって身につけた偏見を一切放棄することは、真の幸福へ向かっての一歩であり、近代のきわめて不幸な人（メキシコ皇帝マクシミリアン）が言ったこと、すなわち何らかの種類の非真理、あるいは偏見を放棄すれば、ただちに幸福感がこれにつづく、というのは、まったく正しいことである。これもまたこの暗い道におけるわれわれの道標であって、このように教えられなければまったく気がつかないものである。

「幸福というものはあるものだ。われわれがそれを知らないだけだ。

「いや知っても、その値打を知らないのだ。」（ゲーテ『タッソー』三幕二場）

徳は幸福ではない。何よりもまず清廉居士ロベスピエールがたたえたこの偶像を捨てよ。徳は、人間の自然のままの心には住んでいない。徳というものをきわめて小さく考える者も、あるいはしごく固陋な頭の持ち主でも、自分自身につねに満足していることができる。[1] 一方最も道徳的に虚栄を張っている人でも、ほんとうは心の満足を得ていない。この虚栄というものは、むしろ大部分、自分自身の価値についての判断の不確実を意味し、それを絶えず他の人々によって確認してもらう必要があるのである。

（1）このような読者をわれわれは持ちたくないけれども、もしそのような読者がいるなら、モーセの十戒や山上の垂訓のような簡潔無比な道徳律を読んでいただきたい。しかもなお、かの富んだ青年と同様に「自分はこうしたものを、すべて子供のときから守ってきた」というなら、そのときはあなたはこの青年の身の上と同じようなことになるであろう（マタイ一九・一六―二二）。すなわち一つの要求があなたに課せられ、それをあなたは逃れることができず、ついにはそのために打ち砕かれるであろう。

つねに義務を怠ることのない人間のやましくない良心は、諺によると、安眠の枕だといわれる。われわれはそうした良心を持つ人には祝意を表したいが、まだ一人もそうした人を知らないのである。われわれの考えでは、かつてただの一日でも、自己の完全な義務を果した者はいない。このことについては、これ以上述べないことにする。これに対して、わが読者の一人が、「いや、自分こそそういう人間だ」と言うなら、なるほどその通りかもしれないが、われわれはかれとは懇意になりたいとは思わない。[1] 人間は、その義務を遂行する力が進歩をすればするほど、ますます義務に対する感覚と識別力が精緻になってくる。実に、義務の範囲自体もかれにとって客観的に拡大してくる。されば、使徒パウロが自分のことを正直に――虚偽の謙遜ではなく――罪びとの最大なる者と言ったこころが、われわれにはよくわかるのである。[2]

（1）その上、良心は人が普通考えるほどに確実な道案内ではない。サン・ジュストは、かれがみずから断言するように、やましくない良心を持っていたと、われわれは信じる。しかし多妻主義の回教徒もこれを持っているし、血讐を遂げるアルバニア人もこれを持っている。アルバニア人はむしろ一族の敵を殺さないときに良心の苛責を感ずるであろう。中世宗教詩『救世主』を読めば、これを書いたゲルマンの聖職者が、「敵を愛せよ」「右の頬を打たれたら左の頬を出せ」という誡めを同じドイツ人たちに呑みこませるのにどんなに骨が折れたかがよくわかる。これからも、良心がまぎれもなく確実な規準とは決していえないことが知れるのである。
（2）やましくない良心は、たしかに価値あるものだが（われわれはこれを軽く見るものではない）、しかしそれは、やましさがないと言う意味で、本来たんに消極的なものにすぎない。それが積極的な自覚となると今度は、そうした自覚の持主を自己是認に陥らしめることによって、かれを害するのである。

愛、そしてこれと切離せない公私のいわゆる善行、それはまことに素晴らしい言葉である。使徒パウロがその手紙の最も有名な個所で、愛はすべての真実な生活の初めであり終わりであると言っているのを、われわれはまたよく理解する。しかし、使徒パウロが同時にまた、たとえ天使の舌をもって語り、財産を残らず貧しき者に施し、さらには人類のために己れの身を焼かせることがあっても、なお愛を持たないことがありうるとしているのは、これはどんな詳細な説明にもまして、愛がいかなるものであるかを示している。愛は、神的なものの一部であって、人間の心に育つことができないものである。愛を持つ人は、それが自分の所有でないことを、はっきり知っているであろう。その愛を弱く反映した人間的なものでも、なるほど幸福を与えはするが、しかしこれは時たまのことであり、またいつも、他人の意志に依存した愛の返しというきわめて不確実な前提のもとにある。そして自分の心と信頼のすべてを愛にかけるものは、いつか心の奥底であのユダヤの預言者の恐ろしい言葉（エレミヤ一七・五）を聞き、愛から憎悪に移って行くということに、とかくなりがちである。われわれが今日しきりに耳にする憎悪の讃美は、幾百万という人が日毎に愛のために味わされている悲痛な経験の生みだしたものにほかならない(1)。

(1) この世に生まれるすべての子供、実に動物の子供ですら、愛し愛される本能を持っている。しかし、その愛が次第次第に例外なく幻滅に変わっていくのを見るほど、よにも悲惨なことはない。しかもその後に愛を取り戻す場合は、決して多くない。

仕事は人間の幸福の一つの大きな要素である。いや、仕事なしでは、たんなる陶酔でない真の幸福感は絶対に人間に与えられないという意味では、それは最大の要素ですらある。人間は幸福になりうるためには「一週に六日」働かなければならない。また「額に汗してそのパンを」食べなければならない。この成功の二つの前提を回避する者は、幸福追求者中、最大の馬鹿者である(1)。仕事なしでは、実にこの世に幸福はない。しかし消極的にこれを取れば、この命題は完全に正しいけれども、さりとて仕事がそのまま幸福であり、したがって仕事なら何でもきっと幸福感にみちびくというなら、それはまたさらに大きな誤謬である。たんに人間の空想力が、それとは別の理想を知っているというだけではなく――おそらく誰でも、たえず仕事ばかりしている天国、あるいは地上楽園を想像することはできまい――、また、それどころでなく、自分の仕事で満足するというのは、これまた馬鹿者でなければできないからである。いや、敢えていうならば、聡明な人ほど自分の仕事の欠点をよく見抜いていて、その日の仕事が終わったとき、(天地創造の神のように)「見よ、すべて良かった!」ということのできた人は、かつて一人もいなかった。だから、大声で叫ばれている労働讃美の背後には、たいがい自他を仕事にかりたてる拍車か鞭のようなものが隠されているのであり、大きな誇りをもって「労働者」と自称する人も、結局みな「労働規準時間」を切りさげようと考えている。もしも、労働すなわち仕事そのものが本来幸福と同じ意味なら、かれらはできるだけ時間を増加しようと努めるであろう。

(1) すでに旧約聖書の中にも、地上において人間の見出しうる最上のものは「働きによって楽しむことである。これがかれの分だからである」と言われている(伝道三・二二)。

幸福追求者の中で最も奇妙なのは、おそらく幸福を厭世主義に求める者であろう。しかもこうした人々は決して少数ではない。その中には相当気高い人物もいるのである。しかし、これにはたいがいある種の誇大妄想が付随している。一切を投げ捨て、自己自身をも含めて一切を悪なりと断ずるのは、いかにも荘厳に聞こえる。悪いものの中では、少なくともその悪を洞察し告白する者が、実際上最善の人というわけである。もしかれが、人々から悪人と思われて、ほんとうにそれで満足しているなら、かれは何かより善きものへの正しい通路にあるであろう。しかし永続的状態としては、厭世主義はたいがい破れた哲学的外套にすぎず、その穴からのぞいているのは人間的虚栄である。そしてこの大食の怪物にたえず餌をやらなければ、目標にはすこぶる程遠いのである。

あらゆる者の中で最も不幸なのは、たんにいずれかの宗教的宗派に属することによって幸福を求め、結局ひどく幻滅を感ずるにいたる人々である。こうした人々の数はたいしたものである。というのは、あらゆる宗教団体は、その果たし得る以上のものを約束する傾向があり、ありとあらゆる種類の魚を一つ網でつかまえようとするからである。故ゲルツァー教授は、その著作のある個所で、「大部分の教会人の神仕えは、むしろ宮仕えで、一週に一度やんごとなき方の御機嫌を伺いに行くようなものである。人類に対してもそれと同じような宮仕えがある。つまり時々人類にお仕えする、かれらの表現でいえば善行をするのであるが、それはただそれ以外の時間に、一層安心して利己心を涵養《かんよう》するがことできるためである(1)」と言っている。まさにこの方面に卓越した人物の豊かな経験に、私は敢えて反対しようとは思わないけれども、私なりの信念をいえば、たとえどんなに「混乱した(2)」仕方であっても人間が神に仕え、少なくとも何とか神にすがっているかぎりは、神がその人を見捨てることはない、と考えたい。そしてまた、きわめて貧弱な、あるいはあらゆる種類の不純をまじえた宗教的努力ですらも、たとえ一時的なりとある程度の誠実さでこれにすがっているならば、才智ある無神論よりも、より多くの幸福をもたらすものと考えたい(3)。しかし、このような「神の寛容のもとに漫歩する」単純な人たちの特権は、もちろんそれ以上の見識を備えうる人々にまで、そのまま及ぶものではない。このような人々にはとくに、キリスト教がすでに二千年以来患っている中途半端な事態から、これを解放するという責務があるであろう。また、教会の形式や儀式、いわんや誰をも幸福にしたことがなく、理解できない民衆にはパンのかわりに石を与えているいわゆる宗教の「科学」などに甘んじてはならないであろう(4)。

（1） 別の著名な現代の説教者はこの点について言っている、「信仰とは、ある種の教義――それはやがて快適な省察に人をみちびくものである――の真理性を確信することだと考えている人々がいる」と。実際これはきわめてひろく行なわれている見解である。かかるものを徹底的に除去するためには、そうした誤解を起こさせる「信仰」という言葉からして「信頼」という言葉に代えるべきであろう。信頼がいかなるものかは誰でも知っているが、「信仰の概念」については広大な神学的説明が書かれなければならない。しかしその古典的定義は、すでにダニエル三・一七、一八にある。これはたしかにキリスト自身が読んだものであろう。それはキリスト教よりも古い。

（2） 〔訳者註〕 ゲーテ『ファウスト』天上の序曲。

（3） 倫理的世界秩序を信ずることのできない才智ある人物はたいがい、傲慢（ギリシア語のヒブリスにあたる。これは神と人とに嫌われるものである）と深い意気消沈のあいだに動揺する。なぜなら、自己自身にのみたよる人間の心は、数千年の前にいわれた「傲慢であって、同時に怯懦なもの」という定義が今日も依然としてあてはまるからである。

（4） それをどうしたらいいのか、ということについては、われわれはここでは詳論すまい。おそらくそれは十中八九キリスト教の新たな「単純化」によってなされるであろう。そのためには、キリストの言葉以外、なんらの教義をもほとんど必要としない。キリストの言葉は、完全にあらゆる場合にこれを十分適用しうるものである。ただそれはつねに現実的な、実行しうる真理と考えられなければならない。現在ではそうされていないのである。ともあれこれが——他の一切の点はしばらくこれを措き——各人にとって自己の宗教的確信に到達する最も容易な道である。なぜなら、キリストの言葉は、さながら生けるもののように直接に、人間にはたらきかけるという真の精神の独自性を持っているからである。この生命にみちたところが、たとえ少量にせよあるなら、それは知恵ある天才的な人間と、たんに教養ある、もしくは博識なだけな人間とを区別するものとなる。

このような事態であるかぎり、幸福への道も、欺《あざむ》きにみちた道である。しかもこの欺きは、人がそれを通常、自分にも他人にも敢えて告白しないから、すこしも容易にならない。それというのも、この地点からはもはや平和と幸福に帰っていくいかなる路も見出されないからである。

以上述べたところに若干の小さな修正を加え、いくつかのものを合成するならば、それは人類が有史以来、幸福を探求してきたいくつかの道となろう。たとえこれらの道を歴史から知りえなくとも、われわれはみな自分自身の人生経験によって多かれ少なかれこれを察知することができる。人間はしかし、これらの道では幸福を見出さなかったのだ。

二

幸福の第一の、不可欠の条件は、倫理的世界秩序に対する確固たる信仰である。(1)この秩序がなくて、世界が偶然により、あるいは仮借するところのない、弱者に対しては残酷ですらある自然法則により、さらには人間の策略と暴力によって支配されるものとすれば、個人にとっての幸福のごときは、もはや問題になりえない。個人は、このような世界秩序の中では、暴力をふるうか、暴力を受けるか、鉄鎚となるか鉄敷《かなしき》となるか、のいずれかでしかない。そのどちらも、高貴な人間にとって適わしくない悲惨な状態(2)であることは、ほとんど選ぶところがない。また諸国民の間では、絶え間のない戦争もしくはその準備が、このような人生観の結果であり、政治学の教科書は、マキャヴェリの『君主論』(3)ということになる。こうなれば、不完全ながら唯一可能な救済は、鉄の暴力によって支配された世界国家によるよりほかあるまい。これは、すべてのいわゆる文明民族を包括し、かくてかれらの間に少なくとも戦争を不可能ならしめるものである。皇帝時代のローマ帝国、あるいはナポレオン一世の指導的理念がこのようなものであっただ(4)。

(1) これは現に常にひろまっているダーウィン派の自然科学的見解である。倫理的なものに翻訳すれば、これは極めて簡単なものである。すなわち、権力は正義であり、それ以外の何物でもない、ということ。
(2) かれは、つきつめれば、エゴイストとなるか、偽善者となるか、よりない。それにもかかわらず、多数の者がそのどちらでもないのは、人々が自己の哲学の完全な結論をひきだすのをおそれているからである。
(3) この情け容赦のない政治を教えた人の著作は、現在でもイタリアでは国費で新しく出版されている。
(4) 現在疑いもなく、こうしたすべての国法と国際法の最後の仕上げが今なおふたたび脳裡に浮かんでいる要人たちがいるのである。しかし、われわれは「主がかれらを笑い」給い、重荷を負うている諸民族を、他の道によって救われるであろうと思うものである。

人間を個人的には動物に、政治的には「隷属者」に貶《おと》しめるこのような人生観の真理性は、少し心ある人ならば誰しも、すでにその胸中の感情が反抗することからして、否定されなければなるまい。いわんや歴史が実に明白に、その無意義と愚劣を繰り返して告げているのである。それにもかかわらず、このようなものを、倫理的世界秩序はまだ十分に証明されていないと思われるという理由によって、固持する必要ありとする人々には、われわれはただダンテの地獄の門に記された句を告げることができるのみである。

「われは悲しみの市《まち》への入口である。
われは永遠への苦悩への入口である。
われは滅びの民への入口である。
なんじら、ここに入ろうとする者は、一切の希望を捨てなければならぬ。(1)」

(1) ダンテの地獄の諸圏の描写は、如上の前提のもとでこれを見ると、今日の現実主義的な人間の地上における生活と酷似するものがある。それはガイベルの佳篇が表現するとおりである。

「微笑を忘れに
彼処に行くには及ばない。
私が歌った苦痛と悩み、恐怖と創傷《きず》は、
この世フィレンツェで見たものだった。」

倫理的世界秩序を理論化することは、これに反して、不可能である。神を見ることは、古代的見解に従っても、人間にはできない(1)。またキリスト教も、あらゆるこの種のたちいった説明を断固しりぞけている。ただ一つの開かれている道は、山上の垂訓(マタイ五・八)にあげられているものである。この道は誰でも、その勇気を身うちに覚える者ならば、これを試みることができる。しかしそれ以外の、たんに知識を求めようとする者に対しては、神的存在は決してその面紗を力ずくで剝がされることはない(2)。

(1) 出エジプト三三・二〇、士師一三・二二。
(2) 言葉の本来の意味における「神学」は、われわれの考えでは不可能なものである(マタイ一一・二七)。またさまざまな教会の公告も、きわめて限られた価値しか持たない。人間はみな個人的に、神的なものに対してたえず開かれている一つの通用路を必要とする。それも真実の神であることが大事で、それ以外の諸神は必要でない。それからさきは安んじて預言者ミカの言葉を守り(ミカ六・八)、それをもって満足することができる。

ここからして幸福への道は開かれている(1)。扉は開かれた。「もはや誰も閉じることはできない(2)。」それ以後は心の内奥にゆるがない一点が生じ、不断の平和と信頼が生まれてくる。それらは外界の嵐にあってもつねに多少なりと存続し、それがだんだんとしっかりしてくる。以前には傲慢であるかさもなければ怯懦《きょうだ》であった心が、確固たるものとなった。それ以後は、人はただ、日々のさまざまな感情や出来事にあまり重きを置かないように心掛けさえすればいい(3)。むしろ確固たる心根をもって毅然として生活し、幸福意識という日々の報酬を、決して感情の中にではなく、活動の中に求めなければならない。こうしてはじめて正しい仕事というものが生ずるので、それはもはや間断のない心労によって奉仕される偶像ではなく、またそれを通して自己自身を崇拝する偶像でもない(4)。むしろこれは人間の最も自然な、最も健全な生活であって、こうした生活は、怠惰にもとづく多くの精神的障碍から一挙に人を救うばかりでなく、同じくこの怠惰に原因する無数の肉体的疾患をもいやす力がある(5)。この楽しい仕事は、およそ世にある最も健康なものであり「これにより、老骨もみずみずしくなる」のである。正しく額に汗することは、たえず新たに生まれる力(6)と精神の快活との秘密であり、それらは相《あい》俟《ま》ってここに幸福感をつくりだすのである。実に健康そのものが、最近の医学の研究が教えるように、本来、不可避的な敵に対する抵抗力の優勢を語るものにほかならない。しかしこの抵抗力なるものも、――やがて明らかにされるであろうが――純粋に肉体的な性質のものではなく、同時に道徳的性質のものであるか、あるいはさまざまな道徳的性質によって影響を受けるものなのである。

(1) 詩篇一一九はこれを次の言葉であらわす。「わたしはたのしく歩みます。なぜなら、わたしはあなたの命令《さとし》を求めるからです。」今日ではカトリックの方がプロテスタントよりも、この「たのしさ」の点ではずっとまさっているように見える。それは主として、神的世界秩序に対して、プロテスタントよりも一層確固たる、懐疑に陥らない信念を持っているせいである。

(2) 黙示三・八。

(3) これは非常に多くの、いわゆる信心屋の欠点である。かれらはたえず感情に溺れようとする。これは自然の心が持つ快楽主義が、わずかに敬虔な上衣をつけただけで、魂の奥底はすこしも変わっていない。かれらは「信仰強化の時間」、宗教談話会、魂の友情のつどい、「神の国の事業」、さては特別な「神の国の家」などいくら持っても足りない人々である。これらすべての背後にあるものは、いささかかたちを変えた享楽欲以外の何物でもない。

(4) ホゼア一四・三参照。今日では各国の大人物たちさえも夢中になっている、間断のない事業熱、は、現代の真の不幸であるが、ここにその根源を断たれることになる。
（5）　あらゆる療養地にあふれている神経病の婦人たちのために今日では「祈禱治療所」まで発明されているが、その大部分はむしろ「強制治療所」の方が適している。つまり、まともな人生目的をもったしっかりした活動をもってするのが最も有効である。一週に六日働くこと、できたら子供を一人もらって育てること、そうすれば神経もよくなるであろう。しかしたいていの婦人はすでに人生の天職を持っているはずなのである。かの女らはしかしそれを理解しようとしないのだ。病気になっていて、お祈りしてもらったり、手をあててもらったりする方が面白いのである。
（6）　そのときはふたたび「あなたがたの日々はあなたがたの力とひとしく」なる。すなわち、老年の日々と活力の二つが一致する。人間の晩年における最も望ましい状態である。これに対してある大経験家がいっている、「多くの驚くべきことを私は経験した。しかし私はいまだかつて、自分の仕事の名誉を自分自身の力に帰した人で、おそかれ早かれ神に見捨てられなかった者を、知らない」と。

倫理的世界秩序が存在することの確信、ならびに、その秩序の中での仕事、もっともこの二つは内的に不可分のものであるが(1)、このごつのものに後に述べる第三のものを加えて、この三つのもの以外はことごとく、副次的である。人がこの根本的なこれらのものに対して真面目でさえあれば、副次的なものの方は、各自の生活においてその多種多様な必要に応じて、まったくおのずからに出てくるのである。しかしその場合に各人の人生行路の大部分にわたって適用されるような、経験にもとづいた原則の若干があるが、それは次のようなものである。

　われわれは人生においてつねに勇気《ムート》と謙遜《デームート》とをあわせ持つ必要がある。これは使徒パウロの奇異な言葉「わたしが弱い時にこそ、わたしは強い」（第二コリント一二・一〇）の意味である。一方だけでは、好い結果を生じない。

よろこびは、これ追求してはならない。よろこびは正しい生活にあってはまったく自然に生じてくるものだ。最も単純な、費用のかからない、必要に依拠したよろこびが、最善のよろこびである。

人間は二つのものを除いて、一切に堪えることができる。二つのものとは心配[2]と罪である。

すべての真に善なるものは、小事より始まる。すぐ始めからいちばん上等の顔を見せるものは、決して善ではない。そして正しく導かれた人が通って行くべき道はすべて、開かれた扉を通っていく道[3]である。

（1）　地上における倫理的世界秩序の実現は、人間によって起こる。しかもまず個人と家族によってであって、団体によってではない。各個人はその秩序の中に自己の場所を占め、それをみたさなければならない。それは決して怠惰な感情生活ではできない。天使の出現についての真に詩的な描写（ダンテのや聖書そのものの中）においては、天使は活発な、決断のはやい、無愛想な、絶対に感傷的でも、饒舌的でもない性格を与えられているのは、注目すべきである。たとえば列王上一九・五、七、行伝一二・七―一〇、ダンテ『神曲』煉獄篇第九歌一〇一―一〇二行、地獄篇第二歌四九―五一行参照。薔薇色の雲に坐して音楽を奏する天使は、まったく堕落した芸術的想像の所産である。天国においては、地上におけるほどたくさん音楽が行なわれることはないであろう。

（2）　普通の「明日の心配」ですらも堪え難いのは、まさにわれわれの力はつねにただ今日のためにのみ存在しているからである。想像力は明日の仕事のみを見て、明日の力を見ない。

（3）　およそ「人生の正しい路」を行く人にとっては、「野心的努力」は不必要である。イザヤ三五・八、詩篇三七、一一八、一二三参照。

他人と交際するということは、円熟した人々にとっても依然として若干の困難な点があり、躊躇させるものがある。われわれは決して他人を憎んではならないが、また他人を自分の神々にしてはならない。あるいは、かれらの意見、要求、判断などをあまりに重視してはならない。かれらを審《さば》いてはならないが、また審かれてもならない。かれらの中の高慢な人、いや一般的に言って（特別の職業は別にして）身分の高い人、貴族、金持、婦人(1)などとの交際は求めるべきではなく、拒否しないまでも、むしろこれを避ける方がいい。ささやかな物事に抱くよろこび、同様にあらゆる種類の平凡な人々に対して抱くよろこびは、最善のよろこびに属する。そしてつねにむしろ下の方を見るということは、多くの苦々しい感情から人を守ってくれる。世間に対してつねに満足している最善の方法は、世間から多くを期待しないこと、世間を決して恐れず、世間にも（もちろん自己欺瞞なしに）善をみとめ、その悪の面はやがて自滅にいたる無力な長持ちしないものと見ることである。

（1）婦人たちに関してトマス・ア・ケンピス（私の思い違いでなければ）が言っていることはきわめて正当である。「彼女たちとの交際からはつねに煙か、火が出るものだ。」いかにも聖職者的な言葉であり、いずれにせよ家族生活には適用しえないが、読者諸君よ、これを完全に否認する前に、一度熟考するがいい。

一般的に、最後に言いたいことは、およそ地上的なものは、これをあまり重要視してはならないということである。われわれが「頭を天上に置いて(1)」生きていけば、多くの地上的なものはただちに、どうでもいいものとなってくる。そして主要事がうまくいけば、副次的なものに重きを置く必要がない(2)。この世の瑣末事を重大視し(3)、とくに人々や人々の判断を重大視して心を痛めている者が、きわめてすぐれた人々の中に非常に多い。そのためかれらはその日常の仕事を、必要以上にはるかに骨の折れるものにしている。

（1）シャルル・スクレタンの表現による。われわれは必ずしも自分自身を審くにも及ばない（第一コリント四・三）。たんにわれわれの知識ばかりか、われわれの存在そのものがまとまりにくいものであり、古代哲学の「なんじ自身を知れ」という名言も、ひとたび明白な虚栄心を超越した人にとっては、実のところ大きな重荷であり、愚劣事ですらある。むしろ、義務を知れである。義務を元気よく遂行し、そのためになんじ自身を忘れよ、である。これは人間幸福の最大の促進手段である。

（2）むしろ、使徒パウロがいささか強烈に表現しているように「汚物と思う」ことである。とりわけ、いわゆる「敵」をあまり重大に取らないことである。敵はしばしば後にはわれわれの最善の友となることさえある。この世における善は決して、まず第一に悪を克服するためにあるのではない。むしろ、悪の克服は悪人同士ですこぶるうまい具合に処理してくれるものである。善はただ生きて、確固としてわが道を行き、自己を示せばいい。現代の世界に欠けているものは、善の感覚ではまったくない。それは人々がすべての偉大な出来事や人間に対して示す活発な関心からもわかる。欠けているのはむしろ、善を遂行する可能性への信念である。多数の人々は、「生存競争」とか、その他とくに弱者にとっては絶望的な内容を持っているダーウィン進化論を、もしかれらがそれ以外の生き方もありうることを悟りさえすれば、ただちに放棄するであろう。しかしまず第一にかの信念が必要である。さもなければ現実の道徳もなにもないであろう。

（3）とくに健康に対する配慮なども、今日では、沢山の人が賽銭をあげるほんとうの偶像になった。健康といえども、これを何か正しいことのために必要とするのでないなら、何の価値があろう？　健康をそのように使おうとしない者には、健康もとどまってくれない。

こうしたいわゆる「処世訓」のようなものは、いくらでも増加することができるであろう。しかしそれらは、すでに述べたように、本来余計なものである。なぜならそれらはさきに挙げた根本的な基盤から、まったくおのずからに、しかも各自の個人的必要に応じて、生じて来るものだからである。何といっても大事なのはその基盤であって、基盤がなければ処世訓も遂行できないのである。

われわれはいわゆる何々「訓」といったもの、またそうした立派な教訓的著述の一切を、あまり重んじない[1]。それらのあるものは、ある心根の当然自明な流出であって、その心根はまたある人生観の生みだす結果であり、この人生観にこそ、何よりもまず（しばしば真の起死回生を通じて）人は到達しなければならないわけである。あるものはまた立派な箴言の類を集めたもので、それは耳に入りやすく、日記や標語につかえば効果があるけれども、人間の心を一変することはできない。

（1）あるドイツ現代の説教者が、それは間断のない売れ行きを示しているものだが、ねらいは第一に収入源を発見するにあるのだ、と言っているのは、あたっている。

われわれは、こうした格言蒐集家のための材料をふやすのはこれだけにして、ここで読者にもう一つの大きな真理を告げたいと思う。それは、不幸は人生にどうしても必要なものだ、いやいささか逆説的に言えば、不幸は幸福に必要なものだということである。一面、事実上の人生経験が示すように、不幸は不可避的なものであるから、すでにそのためにもわれわれはこれと何とか折れ合わなければならない。人生においてわれわれが到達しうるのは、ただ自己の運命とのまったき和解であり、これは「みなぎる流れ[1]」のごときあの内面的な不断の平和であって、キリストもその使徒たちにただこれのみを約束しているのであり、[2] 使徒パウロが、その外面的には苛烈な生涯の終わりにのぞんで、あれほど深い感慨をこめて語っているのも、これである。

（1） イザヤ六六・一二。

（2） 間断のない幸福のごときは、キリスト教はこれをどこにも約束していない。むしろここに述べたようなこの世を超克する平和を約束する。ヨハネ一四・二七、マタイ一一・二八、二九参照。

してみれば、外的境遇は、真の幸福感にとっては、実際かなりなところまで、どうでもいいことになるのである。ストア哲学は、この外的境遇を無関心を養うことによっていたずらに解決しようと努めたわけだが、[1] このストア哲学の問題は、別の道によって如実に解決することができるのである。[2] しかし、苦悩や不幸は、人間がこの世で持たなければならぬものであり、人間はそれらに狼狽するようではならない。この点でもまず役立つのは、熟考であり、一時の感情にうちかつ確固たる心根をつくりだすことである。不幸は三つのねらいを持っており、それは同時に三つの段階をなしている。第一は罰、これは行為そのものに内在する自然的帰結であるから、従って罰が行為につづいて必ず生ずるのは、論理的帰結が理論的に確実なのと同じである。第二は浄化である。不幸は、より大いなる真面目さを呼び起し、真理に対するより大きな感受性を生ぜしめる。ここに浄化が起こる。第三は、自己吟味と強化であるが、これは、不幸が自己の力と神の力とを経験せしめることによるのである。神の力をしばしば経験することによってのみ、人間の中にほんとうの勇気が湧いてくる。それは傲慢から

ははるかに遠く、むしろ謙遜に近い。(3)

（1）「エピクテトス」の章参照。

（2）解決できる、といっても、もちろんたんに「天国を指し示す」だけでは足りないのであって、――それはわれわれも完全に承認するが――それよりむしろ「現実主義者」たちがかれらの方法をもってしても作り出すことができなかったような、現実的な幸福感を地上に生みだすことによって解決するのである。かれらの方法に対してわれわれの方法が「空想」であるならば、少なくともそれは、幸福にする力を持った空想である。だが、一個の力であるところのものが「現実的」でなく、その代わりに何の力もないものが現実的とは承服しがたい。われわれにとっては、結果が原因の証明である。

（3）われわれはなおこれに加えて、第四の不幸の意義として、他の悩める人々に対する同情の覚醒、を数えることができる。この意味で女流詩人アマーリエ・フォン・ヘルヴィヒは歌っている。

「不幸自身はあまり働きがない。
しかしそれはげなげな子供を三人持っている。
力と忍耐と同情である。」

われわれは、こんなけなげな子供たちを持つ母親は、自身もけなげな女性に相違ない、と信ずるのである。

一言で言えば、人間の深まりであり、われわれが幾多の人の場合にすぐにそれと感じるあの独特な輪郭の大きさ、それはいくら「高い足駄をはいても」真似のできないものであって、ただ不幸を立派に堪えてきた場合にのみ生ずるものである。(1) 使徒パウロの「患難をもよろこぶ」（ローマ五・三）という言葉は、その他の多くのかれの言葉と同様に、不幸のうちにはどのような力、どのような深い内面的な幸福――人が生涯に一度ほんとうに感得したら、もう忘れることのない幸福(2)――が隠れているかを、みずから経験しなかった者には、その真の意義は絶対につかめない。

（1）　これに反して、いわゆる幸福で通してきたという人は、つねに何か人柄の小さな、凡庸な感じがする。それは、年配になるとすでにかれらの容貌にもあらわれてくる。それからさらに重大な相殺関係は、一方ではかれらがこの幸福という護符を失いはしまいかといつもびくびくして生きているのに（ヨブ三・二五参照）、他方では不幸に馴らされた人々がついには、ひるまず苦難に面と向かいあう偉大な落ちつきを獲得し、それが傲慢に堕しないかぎり、しばしばわれとすすんで苦難を迎えたいとすら願うにいたることである（エレミヤ一七・八）。これを述べた傑作はヨブ記であるが、最も崇高な描写はヘブル第一一章である。もちろんこうした関係に必要なものは、それ自身すでに不断の幸福であるような魂の根本的気分である。それがないと、打ちつづく苦難はいうまでもなく人を無情冷酷にするものである。時には気高い心の持ち主でも、あまりに多くの試煉にあったために、実際よりも無情に見えることがある。かれらは力が弱く、幸福感に対して己れをとざすにいたったのである。

（2）　堅い人間的紐帯も不幸の中で結ばれる。われわれがある人物と困難をともにし、おたがいに友人たるの実を示すことができたら、ここに何事にも耐えられる、まことの宝である真実の友情が生まれる。

善人はこの世で当然幸せであっていいはずであるのに、そうならない。これは人生の謎というべく、実に多くの人を躓《ひざまず》かせ、正しい道から逸《そ》らせてしまうものである。

「キリストの証人《あかしびと》たち、
かつて信仰の英雄であったかれらも
いまは貧困と憂苦と
危険の中をさまよっている。
この世にすぎた尊い人たちが

悲惨の中に沈んでいる。
かかる人々のかしらの君も
十字架にかけられたのだ。」

まったく、そうなのだ。親愛なる読者よ、君はそれでもよいと思い、これに対して覚悟していなければならない。さもなければ君は人生の幸福を見出すことができないであろう。幸福は「道の行手に横わる獅子」である。その姿を見て、たいがいの人々は引き返してしまう。そして幸福よりもつまらない何物かで満足してしまうのだ。

しかしわれわれは経験からして、まずこう言うことができる。この場合でも、享楽の場合と同様に、人間の想像力ははるかに現実を上回るものであって、想像力が描いてみせるほど苦痛が大きいことはめったにない[1]、と。そしてまた、苦痛こそ「あらゆる大きな幸福への門」である、と[2]。自分自身に対してある程度傍若無人に出ること、すなわち自己に対して、好むと好まざるとにかかわらず、おまえはやらなければならぬのだ、と言いうるということが、まさに真の人生に必要なのである。真理への愛と正義への勇気、これがあらゆる真の教育の柱石である。これがなければ教育は何の役にもたたない。いや、天国に入るのにも力がいるのであって、「力を用いる者、その人は入る」のである。

(1) それゆえスパージョンは、人は自分自身と話さず、ただ神とのみ話す習慣をつけなければならぬ、と言う。また、最大の苦痛の瞬間に、しばしば恩恵のような感覚の鈍麻が生じて、これを乗越えさせてくれるということ、いや第二の不幸が生じてもそれは第一の不幸を堪えやすくするということは、病人の誰しも知っていることである。

（2） 現代の鎮痛剤でも、それゆえ、長くつづければ有害である。しかるに苦痛との精神的苦闘は人を強くしっかりさせ、精神的に、おそらくは肉体的にも、健康にする。医学のこの面は、フランスの一医師が「両世界評論」で説いているが、現在この学問を支配している唯物論的傾向が弱まり、治癒を助けるはずの人間の「心」を医師がふたたび信ずるようになれば、将来はさらに強調されるであろう。

勇気こそ、あらゆる人間の性質中、幸福を得るために最も必要なものである。これはまったく確実である。

かくて、われわれは現代の異色ある一女性[1]が、その死後公けにされた著作の中で述べている言葉を、結論とすることにしよう。「幸福とは神と共にあることである。それに到達する力は、魂の声なる勇気である。」それよりほかの幸福は、この地上にはない。よしこうした徴候を持たない幸福があったにしても、われわれはそれを願う気がしない。

（1） ギゼーラ・グリム（旧姓フォン・アルニム）の『スコットランド』。全体としては奇妙な戯曲であるが、このような閃《ひらめ》きにみちている。

「我欲よりめざめ
永遠なものを捉え、
愛にみちびかれ
地上のものを手段と解して、これを支配する。

これのみがこの世にありうる幸福の状態である。[1]」

（1）　ゲルツァーの詩の改作。

そしてこの幸福は一つの実在であり、一つの事実であって、その他のあらゆる幸福の夢のようにたんなる想像の形成物ではない。少なくとも人が年を取れば、たとえそれまでは夢見つづけられても、必ず醒めることになる、というようなものではない。

この幸福はまた、われわれが絶えず自力を発揮するところ、つねに自己を激励し強制しなければならぬところにはない。むしろわれわれがひとたびこの世界観に身をゆだねた以上、断固としてその実行に着手した以上、もはや他を捨てて顧みないならば、そのとき幸福はおのずからわれわれに生じてくるのである。これは内的平和の流れ[1]であって、この流れは年を取るとともにますます強大になり、われわれ自身の精神を実らせたのちには、また他人にも注ぎうるものである。

（1）　客観的にこれを取って、われわれはまたこうも言うことができる。幸福とは、もはや外的運命に依存することなく、それを完全に克服した、この不断の平和である、と。ヨハネ一〇・一〇、マタイ六・二九、ダンテ『神曲』煉獄篇第二七歌一一五―一四二行、ヘブル四・九。これがあの普通晦渋とされている「私の求めるものは幸福ではない、祝福である」という言葉の意味である。ある著作家は幸福の実際的な標識として、夜眠りにつくとき明朝また眼ざめることを楽しみにするということを挙げているが、かくて実際そうなるわけである。

われわれの人生が一つの価値を持ったということになるためには、われわれはこの目標に到達しなければならない。またそれに到達しうるのである。ひとたび決心がなされ、最初の段階が克服されるならば、われわれはダンテの言葉どおり、登攀そのものによろこびを見出すであろう(1)。

(1) この山を攀じようとする者は
その山麓で、大きな困難に遭遇するが、
登るにつれてそれは減じるであろう。
されば、おんみの労苦が愉悦と変わるとき
登攀はいとたやすくて
急流を小舟で下る思いがあろう。
(ダンテ『神曲』煉獄篇第四歌八八―九三行)

「浄火の山」の麓の登り口では、真の幸福のためには、求められるがままにどんな代価でも払おうという堅い決心と率直な宣言が、人間に要求される。これなしには山に入ることが許されない(1)。そしてこれより安易な道を取っては、いまだかつて何びとも幸福に到達したためしがない。

(1) トマス・ア・ケンピスはこれを「一切を捨てよ。さらば君は一切を見出すであろう」と言う。この問題を論じたすべての書物がこのような決心を要求している。代価そのものも、後になってから、しかもだんだんと分割払いで払うのである。最初からすぐに全額を払える人間はひとりもいない。

ゲーテは他の道によって幸福を求めた人たちの師匠であるが、この七十五年の労苦の生涯で快適な日は四週間ほどであったと言った。何びとも生涯の終わりに、偽らぬところを訊ねられて、自己の幸福をかく少なく答えてはならない(1)。

（1） かれは、その豊富な生涯において、もちろんしばしば幸福に近づいた。さきに『タッソー』から引用した句や、なお多くの著作の個所がこれを証明している。『ヴィルヘルム・マイスター』はまさしく一幸福探究者の物語であり、クレッテンベルク嬢の日記が挿入されている個所は、しばしば目標に近づいているが、しかしまたこれから遠ざかる。

われわれとしては、かく言おう(1)。われらのよわいは七十年にすぎません、あるいはすこやかであっても八十年でしょう、よしその一生が労苦と勤労であったとしても、それにもかかわらずなお貴きものでした、と。

これが幸福なのだ！

（1） 詩篇九〇を変えて厭世的でなくした。ただしその通常の翻訳が正しいとしての話である。

人間とは何だろう

どこから来て、どこへ行くのか、
あの金色に光る空の星のかなたには
誰が住んでいるのか?

「人間とは何だろう？　どこから来て、どこへ行くのか、あの金色に光る空の星のかなたには誰が住んでいるのか？」（ハイネ）――これは疑問の中の疑問である。ひどく皮相な、もしくは動物的な人間でなければ、誰でも少なくとも生涯に一度ぐらいは、この解答を求めようとする。そして、すぐにこう付言せざるをえないのは悲しむべきことだが――たいがいの人は今日、解答を見つけないままに、人生を去って行く。

ある人々は、いわばたまには、一中世思想家の憂鬱な思索の表現にまで行きつくこともある。「私は生きている。いつまで生きるか知らない。私は死ぬ。いつ死ぬかは知らない。私は行く。どこへ行くのか知らない。どうして嬉々となどしていられようか！」

他の人々は、そんな悲哀調の「何の役にもたたない」考えは、さっそくひと思いに頭の中から追払って、言う、「われわれは食い、かつ飲もう。明日は死ぬのだから」（イザヤ二二・一三）。

こうした人たちは現に非常に多い。いわゆる知識階級にも非常に多い。かれらは教育も受けて、もっと深い人生観を心得ていてもいいはずなのであるが、それにもかかわらずついには――いやしばしばすでに若いうちから——、若干の表面的な脱出の試みに失敗してのちは、この悲しむべき最後的プログラムに生涯いきついてしまったのである。

　かれらはこのプログラムをできるだけ長いこと演じようとする。しかし、しばらくするうちに、往々にしてそのために絶対必要な健康の方がいうことをきかなくなってくる。そこでかれらは、陸続として——例のごとく御婦人を先頭にして——クナイプ牧師、メッツガー博士、その他現代のお医者の神様の誰かのもとへ巡礼することになる。できるだけ早く健康をとりもどしてあらたにこれを濫用しようとするのである。

　ところがまた別の人々にはこんな生活法を実行する資金からしてない。そこでこの人々は、なんらかのひと「ふんばり」によって、この資金を手に入れることができないと悟れば、「胃袋の問題」を人間存在の唯一の「現実的」問題として提出し、新しい「社会政策」によって万人を満足させる解決にもって行こうとする(1)。

（1）現代の「社会問題」の大部分はこの哲学的基盤を持っている。それはまたこの基盤によってはじめて、最も正当な、いや唯一正当な今日の問題である。

　ところでなお別の、やや深遠な思索者たちがある。かれらは、以上すべての道によっては人間の一切苦悩を救うことは不可能であるという洞察に達した。かれらは中途半端なことをさまざま試みたのちに、すべての王の中の最も賢明な王（ソロモン）の「一切は空である」という言葉に到りつき、そこから存在と生そのものへの絶望に、無の崇拝に向かう。涅槃《ねはん》、寂滅、生の忘却が、かれらには生の目的となる。そしてかれらは、この明白な否定に対してたえず抗議する己れの良識と、多年にわたって悪戦苦闘したあげく、ついにインド最大の賢者（釈迦）の言葉を己れも誦することができるようになれば、何かたいしたことをなしとげたような気になるのである。

「この建物を築いた者を私は探していた。
もしかれを見出すことができなかったら、
無限の輪廻転生が私を待っていただろう。
まことに、果てしなき出生は苦痛である！
ついにお前は見破られた。建物の建築師よ。かくなっては
お前はもう建物を建てないであろう。梁は折れ、壁は崩れ落ちた。
精神《こころ》は無に歩みいり、
煩悩の渇きをことごとく消した。(1)」

(1) いわゆる仏陀の感謝の頌である。生を愛したギリシアも、このような深い世界苦の一端を示している。たとえば「神々に愛される者は、夭折する」という言葉にあらわれている。〔法句経（岩波文庫版、荻原雲来訳）に「吾れ屋宅の作者を求めて此を見ず、多生の輪廻を経たり、生々苦々ならざるなし。屋宅の作者よ、汝は見られたり、再び屋宅を造る勿れ、汝のあらゆる桷は折れたり、棟梁は毀れたり、心は造作すること無し、愛欲を盡し了る」とある。——訳註〕

これがこの哲学の結語というわけである。それは人間存在に対して光も希望も与えない。最善の道は、このことをいちはやく洞察して、できるだけ早目に生を終えることである。

しかし人間精神は活力にみち、生命を渇求しているから、現在「世紀末」と呼ばれているような一時的な衰弱状態[1]は別として、このような全般的な破産宣告に長いこと満足することは決してない。むしろ、この闇の中に何とかして光をもたらそうとすることが、哲学の永遠の課題と見なされるであろう。いうまでもなく哲学はこれを試みてきたが、それもあまりにしばしばただの言葉だけであって、それはなんら実質的な意味を持たず、懊悩する魂にすこしも実際的な慰めを与えなかった。そのため、この純然たる形式主義の近代的頂点がヘーゲルにおいて達成されて以来、現に哲学蔑視の傾向が強いのも、必ずしもいわれのないことではない。

（1）われわれの青年時代には、これは「世界苦」と呼ばれて、非常に関心を惹いた。レーナウの『三人のジプシー』はその古典的表現であり、ハイネのいくつかの最善の詩も、かれにつきものの軽佻さが、精神的な深い苦痛と相容れるかぎりにおいて、そうである。たとえば、この一文の標題にした句――少し変えてある――を含む『疑問』という詩のごときが挙げられる。伊・仏ではレオパルディとミュッセ。

哲学は昔から主として、世界を世界自身から説明しようと試みてきた。これが哲学の必要な前提であるということは、現在もなおだいたい、その反駁を許さない根本命題の一つと見なされている。なぜなら、その他の説明根拠をもって来れば、哲学は独立の学問として成り立たないものとなるからである。これはあるいは論理的には正しいかもしれないが、しかし哲学が成り立たなかったとしても別に不幸ではないであろう。なぜなら、人間が自己自身および、かれの人生目的、かれの過去および未来について、光を求めるのは、どこまでもかれ自身のためであって、なんらかの学問の存在のためではないからである。むしろその反対に人間の人生状況を解明し、改善するというこうした目的をいつまでも満たさないようなあらゆる学問を、人間は軽蔑する権利がある。(1) したがってまた人間が哲学に対して要求しうることは、哲学がこの目的に適うこと、さらにある程度まで一般的にわかるものであること、生存の最高問題に関する真理と解明を求める人間の魂の飢えを、たんに空虚な、したがって曖昧な言葉でごまかさないことである。ところがこうしたことが「神のごとき」プラトンを初めとして、ヘーゲル、ショーペンハウアーあるいはニーチェにいたるまで、しばしばかれらの本質的な仕事であった。哲学は、その自分勝手に発明した術語によって、さながら通りぬけられない垣根のように、普通の人間の理解力や言語能力の領域を遮断している。ところが通常の用語法では、言葉は何か一定のものを表現していて、決して空漠なものの記号ではない。そこで哲学の勝手な術語をこうした普通の言葉に翻訳してみさえすればいい。そうすればこの覆面の女神の面紗——哲学の力と崇高さ全体が往々ここに潜んでいる——は剝がれてしまうのである。(2)

(1) 同じような状態に、今日では、法学、医学、神学も陥っている。われわれがかれらから希求するものは、人類の精神的あるいは肉体的な向上への貢献であって、たんなる学問的存在ではない。
(2) プラトンの『対話篇』、スピノザの『倫理学』、ヘーゲルの『精神現象学』、あるいはショーペンハウアーの『意志と表象としての世界』を読んで、自己の思想を一層明確にすることのできた人は非常に少ないことと思う。いずれの時代の哲学も、求める者が哲学から知ろうとすることにはむしろ全然答えず、その代わりにおびただしい定義を浴びせかけるが、その過半を読者は理解できず、理解したわずかな部分も、これをまともなことには使えない。

抽象的哲学は実際これまで「存在」をも「生成」をも満足のいくように説明できなかった。ましてこの両根本概念を相結合して、これを一個の統一的根底から解明することなどはできず、その代わりにいつも、すこしも真の解明を含んでいないたんなる言葉だけでこれを書き換えてきた。しかし哲学は、人智の学として、その数千年にわたる存続の間に、この課題を解くことができたはずである。さもなければ、哲学はこうした根本概念に関してはこれ以上闡明《せんめい》する力がなく、ここに自己の能力の限界に到達したこと、したがって一切の存在と生成には、人間の知識では総じて近づくことのできないような根源を仮定せざるをえない、と告白すべきであった。

こういう説明の代わりに、われわれがいつも哲学の思想系列の冒頭に見出すものは、むしろ証明されてもいないし、証明することもできないなんらかの純然たる仮定である。ある場合は、たとえば「生ける実体」である。それが唯一不変であるにせよ、あるいは小さな構成要素（原子）の無限量であるにせよ——およそこれ以上捉え難いものはなく、それに第一、問いに対する答えに全然なっていない。なぜなら、われわれが衷心知りたいと思うことは、大きかろうと小さかろうと、この物質が、どこから来たのか、またいかにしてある物質が生命を得、また生命を生むことができるか、ということだからである。まして原子のたんなる運動から、感覚、思想、意志にいたる飛躍のごときを、いまだ何びとも説明しようと試みさえもしなかった。そこにはおよそ連絡が欠けており、その代わりとして、最も有名な学者の著書に、憂鬱な「われわれは知らない。これからも知らぬであろう」（ignoramus, ignorabimus）[1]が掲げられている。一方ではまた、われわれは、すでに古代このかた、多くの立派な言葉で、存在と無との間には少なくとも考えられた、また考えられうる対立が横わると聞かされる。しかしわれわれの知りたいのはむしろ、それのみがわれわれの関心事たる存在、すなわちわれわれの眼前にあるこの世界が、もしたんなる仮象、われわれ自身の思惟の幻影、もっぱらわれわれの想像裡に存するもの、でないならば——もっとも、その通りだという絶望的な道を取る者も実際すでにあったが——、それがいかにして成立したか、ということである。「無」に対しては、われわれは何らまともな関心を有しない。これは正しく摑むことすらできない観念、反対概念にすぎず、いかにも提示することはできるが、それ以上基礎づけることのできない、まして人生のために有益に形成することのできないものである。

（1）　デュ・ボア・レーモン『宇宙の七つの謎』参照。

しかしわれわれが、われわれの周辺にありながら、しかもその究極の根拠を発見することのできなかった事物から出発することはやめ、その代わりに他の哲学者たちとともに、われわれ自身の、疑うべくもない、自覚的な自我——ともあれ直接的に、余計な思弁は要せずに、われわれが確実と信じる自我から出発するならば、まさにこの貧しい自我は、もしそれがここにその自意識から一歩外の世界へ踏み出そうとするか、あるいは自己自身からこの世界の謎を究めようとすれば、いかにこの自我それ自身が、自己以外に存するよりよき説明根拠を、しきりと求めるかに、最もよく気づくのである。あるいはまた、哲学が純粋な自然科学の前にまったく平身低頭して(1)、一切の生命を「発展、進化、血統、自然淘汰」などによって説明しようとし、一切の存在物は原形質から、おそらくはさらにただ一個の原細胞から、自然に発生したものであると主張しようとするなら、それではいったい誰がこの細胞をつくり、これに無限の生命力と発展力を与えたのかという、昔ながらの問いがやはり依然として残るのである。

(1) 今日ではわれわれはかくて、個々の自然力（蒸気とか電気とか）についての純粋に異教的な観念におちいりかけている。かかる観念は長い間にはつねに害悪を生ずるものであった。異教においては、世界はこのような現象群に分裂し、その各々が疑人化された。教養ある者にはそれもたんに名称にすぎなかった。われわれの今日の教養人の大部分は、それともう紙一重のところにある。

これは、つねにするどく、かつ実際的に物を考えるナポレオンが、百年前に、エジプトの星空の魅惑的な眺めに接して、学者モンジュに「誰がいったいこれら一切を作ったのか」と訊ねたあの問いである。これに対して、抽象的な哲学も、実証的な博物学も、今日にいたるまでかつて答えなかったし、おそらくは将来も答えることがないであろう。

世界をそれ自身から、それ自身によって説明することは不可能である。かかる説明はその究極の根拠を見出すことができない。現代哲学の当座の結果である、自己自身を神化するか、あるいは他人によって神化されている人間[1]にしても、かれらがいくぶんでも利口であれば、自分の力や寿命[2]が非常に限られたものだという苦しい意識により、人の称讃によっては除かれない己れ自身の欠点についての否みがたい感情により、また自己自身を自己の人生内容から理解することがまったく不可能であるということによって、こうした驕慢に対してたえず作用する制約を感じるはずである。

(1) 自然科学的無神論のきわめて直接の実際的結果は、人間神化と人間そのものへの信頼である。しかしこの両者とも、いくぶん世の経験を積んだ人々にあっては深い厭世主義となって終わる。人間そのものを信頼せず、他の、もっと信用の置ける助けを持っている人たちのみが、人間をいつまでも、しっかりと愛するのだ。したがって、すべての単純な人道主義的感激の最後は、怜悧な人の場合、ともすれば深い人間蔑視となり易いものである。

(2) かつてコッホの発見に対する歓呼の声はなんと大きかったことだろう。これによっても人々がたえず死を恐れていることがよくわかった。墓の彼方になんら真の希望をもはや持っていない今日の知識階級は、この死の恐怖によって奴隷にされている。

スピノザ以来哲学者たちを支配し、ヘーゲル、ショーペンハウアー、ゲーテ以来教養社会一般を、これがなお抽象哲学にたずさわっているかぎり[1]、支配しているところの、だいたい汎神論的な、哲学的人生観の最後の形式は、あらゆる人生観の中でも、道徳的に最も有害なものだと言ってもいい。それは「倫理的な力を蒸発させ」、善を実現し悪を征服する意志を喪失させる[2]。そこでおそかれ早かれこの哲学には、なんらかのかたちで、粗野な、しかし強力な迷信が付随してくる。すでにわれわれは催眠術や、その他いくつかの常軌を逸した教会的信仰において、すでにありありとこの迷信の出現を迎えているのである。そしてここからまた新たに哲学的反省の序列が始まり、数百年もすればまたまったく同じ点に帰着することになるだろう。それゆえ、真理の究極の形式はおそらく若干の人間の抽象哲学的あるいは神学的思弁ではあるまい。こうしたものはつねに欺瞞的で、不満足なもの以上でない。究極の真理はむしろ、諸民族の運命の中にきわめて明白にあらわれているような歴史的経験である。そしてこのような形式で、実際、抽象哲学にまさる哲学が、抽象哲学と並んで、すでに古くから存在していたのである。

(1) この傾向はだいたい今日においては前世紀の最初三十年間頃よりはずっと衰えている。依然として大きな感銘を残す唯一の哲学書は、カントの『純粋理性批判』である。この書によって実際、抽象哲学は永遠に終わったのである。哲学的著作をみずから読む者は、(職業上これを読まなければならない者は別として)、知識人でもきわめてすくない。十中八九は「必要なときに話に口が出せるように」哲学史で満足し、原典の方は敬遠している。だいたい今日では、かれらは近代哲学、デカルト、スピノザ、カント、ヘーゲル、さらにショーペンハウアーの主著さえも自分自身の研究から知ってはいないと見ていい。聖書についても同様である。かれらはこのどちらもただ第三者の判断に従って語るだけである。現在では書斎派の学者が、時として自分のすぐ身近の世間のこともよく知らず、それとの接触を用心深く避けていて、一方瑣末事をしきりと論ずるのを、世人はもはやあまり高く買わず、一般大衆の生活状況の形成になんら本質的な影響のない思考訓練と考え、たんに学習上の目的に、つまり抽象概念による悟性の練磨そのもののために役立つものと認めるようになったのは、結局、現代の実用的な常識の一徴候と見ることができる。とはいえその反対に、ある程度の哲学の研究は教養のためになお必要であること、また実際生活を事とする人で、あまり宗教的素質のない人々は、哲学的関心なしでは、次第に広い物の見方を喪失するのを防ぎがたいということも、否認することはできない。
(2) この哲学に従えば、存在するもの生起するものことごとくが神であるから、どうしてかかる哲学が悪を征服するなどということがあろう?

⁂

万物の根源を、万物それ自身から思弁によって説明しようとしない哲学はイスラエルの哲学、今ではつまりキリスト教の哲学である。これはこの根源を、人生経験にみちびかれて、世界全体ならびに各個人の創造者であり維持者である真に生命にみちた霊的存在に置くのである。もちろんこれは、一般に行なわれている見解に従えば、哲学的説明ではない。哲学的なものとすれば、かかる根源そのものも説明されえなければなるまい。とくに「神学」と敢えて自称した学問も、事実上、神を証明することの不可能によって破綻を来している。それはちょうど哲学が、世界なり人間なりをそれ自身から説明しようとする試みに失敗したのと同様である。一般に本体論、あるいは神の存在の証明と呼ばれているものは、実際きわめて薄弱であって、みずから承認する気のない者には、これを納得させる力がない。だから次のように言った方がもともとはるかに自然である。すなわち、説明できないということこそ神の本質である。説明できるような神は神でない。また神を説明できるような人間は人間でない、と(出エジプト三三・二〇、ヨハネ一・一八)。神を見ることではなく(1)、地上的人間的なものを正しい仕方で、いわば神の目をもって見、理解するということが、明らかにわれわれの人生目標である。したがってまた字義通りの学問的神学なるものがそもそもありうるだろうか、という疑問がつとに提出されているのである。たとえばキリストは、そのようなものがありうるという見解ではない（マタイ一一・二七、ヨハネ三、ルカ一〇・二二）。実際また神学的思弁は元来キリストに発したものではなく、パウロにもとづくものである。パウロはあまりにも特殊なユダヤ的明敏さと、ユダヤ教においてすでに仕上げられていた教義論とを、キリスト教の基礎づけに用いたのであり、それはまた明らかに、相当神学的素質の強いかれの民族を時に説服する必要があったのである。

（1）　地上において神を見、万物の関連を真に認識するためには、マタイ五・八に告げられているただ一つの道しかないが、これを歩んだ哲学者はまれである。もし諸君が神についてたんなる知識以上のものをどうしても得たいと思うなら、この道を試みるがいい。これによって、これによってのみ、例外なく、神は人間の魂に近づくので、ここにすべての疑問が解けるのである。このときは人間の心も（その清らかさにおいて）神にいくぶん類似しているものであり、類似のものは類似のものによってのみ理解されるわけである。一哲学者が、自分の認識能力の中になんらの神の痕跡を認めることはできないというならば、かれは自己自身に判決を下したわけだ。

一切の存在および生成の根源としての神は、説明あるいは証明されえないし、またさるべきでもない。まず第一に信仰され、次に個人的に経験されなければならない(1)。これははっきりと繰り返して言って置く必要のある命題である。もちろんそれはまた同時に、万物のよりよき学問的証明を求める多くの人が引き返してしまう躓きと憤懣の石でもある。かかる人々をどうにも助けることができない。

ましてこれを迎えいれることはできない。(2) はっきりした無神論者を、われわれは哲学的に見捨てなければならない。(3) このような要求は、たんに哲学的宗教的領域のみならず、実際的政治的領域においても、これからは従来にまさって、ますます減っていく要求であろう。にもかかわらず、ここ、この点においてのみは、越えることのできない障壁があり、それは同じ国民、同じ教養程度、同じ時代、しばしば同じ家族の人々をも、その根本的見解において袂を分たせるものである。これ以外のすべての差異は折合うことができるし、また事実和解を見出すにいたるであろう。(4)

(1) あなたが神を信じるならば、あなたは神の栄光を見るであろう、とキリストは言う。「神を敬うこと」はたんなる感情ではなく、精神的な知でもあり、道徳的な力でもあるが、もちろんこれは些事から始まっていく。これに反して、人が神からの離反の決心をすれば、あるすぐれた学者が言うように、自責の声がなかなかしずまらず、ついには自己を正当化するために、この背信を詭弁的に進歩と見なし、忠実を克服された立場として蔑視しようと努めるにいたる（ヒルシュ『モーセ五書註解』リビ記六九八頁参照）。

(2) われわれはせいぜいかれらに次のように問うことができる。諸君は世界を有限的、すなわち空間的時間的にどこかで終わっていると想像することができるか？　否、と答えるであろう。――それとも諸君は世界を空間的時間的に無限的と想像することができるか？　同様に、否。――それでは諸君は生命の過程を説明できるか、その起源と終末とを？　同様に、否。――諸君は思惟そのものを説明できるか。ことごとく、否である。

それでは、諸君はこうした最も身近な、最も本質的な事柄を知らず、知ることができないなら、諸君はこうした問題にきわめて無関心となるか、あるいは、信仰をまったくは欠きえないということになるのではないか。

(3) 見捨てる、というのは、今日多くのキリスト者がしているような普通の意味の見捨てるでは、決してない（第二テサロニケ三・一五）。宗教の自由が認められて以来、公然たる無神論者であって、しかも高貴で思考力のある人々がおり、努力して善を行なっている。これらの人々にはあるいはマタイ二一・二八―三一の言葉が適用されるかもしれない。無神論はきわめて自然なものであって、誰でも物を考えるかぎり生涯を通じていかなるときも、これを完全に脱却したとはいえない。そしてきわめて敬虔な人々でも、しばしば立派な実際的無神論者である。つまり、かれらも、さながら神がいまさぬかのように行動するからである。幸福な無神論者というものは、しかし存在しない。かれらは完全な内的平安と、人生のあらゆる不幸をおそれぬ心には決して到達しない（イザヤ四八・二二、五七・二〇）。この差別は、誰でもすべての身近な実例によって自身観察することができる。

（4） 通常、人はかれの主義によってのみは行動しない。もしそのように行動すれば、実際的な差異は、現在あるよりもはるかに大きなものとなるであろう。

この信仰の有無に関する差異は、人間の意志の自由という本性にもとづいているから、いつまでも残る。「人間の魂は、本来キリスト者である」というテルトゥリアヌスの言葉は、これを文字通りに取れば、まったく誤っている。あらゆる偉人の生活がその反証である。人間の魂はたんにキリスト者たるべく召されているだけであって、自己の人生経験によってそれになりうるというにすぎない。テルトゥリアヌスの真意もおそらくそこにあったのであろう。本来からいえば、人間の魂はどっちつかずであって、決して無神論を厭うものではない。われわれが神を知りえないように、神を経験しえないならば、信仰はかえって一種の神経系統の興奮ということになろう。ローマの総督がパウロに対して「おまえは気が狂っている」と言ったのは正しかったことになろう。同様に(1)、あらゆる時代における総督の無数の後継者たちも、理性と良心によって、不可解なものを拒否する義務があると信じたのであって、これまた正しかったことになろう(2)。しかし神は、人々から、その人々自身の経験(3)にもとづける信仰をこそ望んでいるのである。また神は、個人の経験と人類の全歴史の中に、きわめてゆたかに自己を証示されているのであるから、人々は、その不信仰の負い目をみずから負わなければならない。この負い目こそほんとうの負い目であって、しばしば、その人々以外の何びとも知ることができない深さに及んでいる。(4)

(1) 行伝二六・二四。現に、祈りを狂気のなすところと言う人々があるが、もし祈りの結果が経験不能のものであるならば、まったくその通りである。

(2) かれらの師表であるマルクス・アウレリウスは、その日記の中に、かれらがしばしば援用する、それ自身としては美しい言葉を残している。「つねに確然たる態度を取れ、あらゆる努力において正義を念頭に置け。しかし思索生活の際には、理解しうるものを君のみちびきの星とするがいい」(自省録四の二二)。また「未来のことで心を悩ますな。必要ならば、君がいま現在のことを処理させているその同じ精神の力に支えられて、君は未来のことに立ち向かうであろう」(同じく七の八)。

(3) 聖書の中の無数の言葉、たとえば次のごときを参照せよ。申命四・一—四、五・二九、ヨブ二二・二二—三〇、詩篇八一・一四、三七・二五、三二・一〇、二五・三、ヨエル二・五、エレミヤ六・一六、三一・四一、一〇・六、イザヤ六五・一三、三一・五、四九・一五、マラキ三・九—一八。その精神的素質なり教育なりのために、他の人々よりも神への信仰にいたりがたい人々が、たしかにいる。しかしかれらが全然いたり得ないならば、その場合は何か妨げるものがある。かれらはその生活の仕方で何物かを捨てようとしないか、あるいはそもそも誠実に試みようとしないのである。

(4) ヨブ三三・二九、三〇に、神はこの十分な内的経験を、すべての人に、生涯に二回、三回までも与える、とあるのはたしかに正しい。

試みよう、必要ならば経験にも従おうというこの決心、この一歩が大事であるが、これは人間の意志行為であり、したがって他人がこれを免除することもできず、また本人自身が体験する以上の確信へのきっかけを供給して、これを容易にすることもできない。この一歩こそ、すでにイスラエルの預言が「回心」というきわめて適切な表現で呼んで、われわれから要求しているものであるが、しかしまたこの回心にすぐつづいて、おのずから生じきたる十全な内的満足と確信とを約束しているものである。(1) そして、それ以来この回心をなしとげたきわめて多数の人々が、この成果を実際証明したのであるが、(2) 一方、誠実に神に身をゆだねた者で、いつまでも闇の中に置かれたとか、あるいは全く見捨てられたとかいうためしは、これまで一つもない。ここに、この自由な決心のうちに、人間の「義」もあるのであり、この義によってのみ、かの預言者の言葉に従えば、人間は解放されうるのである。イザヤ一・二七、四九・九、二四、なおローマ一〇・四、ヤコブ四・八をも参照。かれはまたそのために何事かをなさなければならない。しかしそのときはまた一種の要求権をも得る。これは聖書のどこの個所を見ても、あるときに与えられ、あるときは与えられないたんなる恩恵には決して帰せられておらず、むしろ積極的に約束されているのである。イザヤ二八・一六、三〇・一九、三一・五、四〇・三一、四三・一、四九・一五、六五・二四。(3)

(1) イザヤ四五・二二、五五・一―三。経験がかくして後から仮定を証明する。これは哲学ではありえないことである。人間が神に面を向け、神から背かなければ、それで十分である。人間が神に背くことをも為し得、たとえ全能の神によっても奴隷として強制されることを欲しない、ということは、人間の大きな財産たる意志の自由である。しかしこの神に向かうこと背くことは、すべての人間の通暁者が知るように、単なる悟性的理由以上のものがそこにあるのである。最も単純な人間でも、かれが神に向かっているうちに、自分が止めず、あるいはまだ止めようと思っていない多くのことに対して自由を放棄することにみずから気づくのである。ハイネは、かれの『歌の本』で、そこに掲げられているわれわれの表題の問いに対して、最後に「答えを待つ者は痴人である」と言っている。これはしかし、答えを何としても得ようとする人の言葉ではない。神は誠実な者には答えを得させ給うのだ。

（2） 十七世紀の初めのあるカトリックの聖女はこれを次のように表現している。いささか感情的であるが、誤ってはいない。「まずはじめに、身も心も神にささげようという強い、不退転の決心の必要がございます。そして、これから さき自分は剰すところなく、神のものとなろうと望んでいるということを、優しく、愛情をこめて、心のそこから、神にお約束申し上げねばなりません。その上この決心を、たびたび繰りかえして新たにする必要がございます。そのあとで自分のうちに起こることは、それまでにあったことに比べてずっと高く聖らかなことですから、とてもひとに分ってもらうというわけには参りません。安らぎはそれこそ深く、よろこびはそれこそ円満具足しておりますので、魂はもう自分が、神の安らぎとよろこびのうちに入っていて、まるで神のおん胸に抱かれて姿をかえてしまったというように思いなすほどでございます。」（エリザベト・ド・バイヨン）

（3） このような義による救済を、劇的に表現した物語は、ヨブ記である。

それゆえ、旧約聖書はこの関係をつねに、双方に権利のある契約にたとえている。しかしこの契約を自分の側で誠実にまもろうとする人間は、いわばあまり尊大に自分の権利を主張する必要はほとんどない。かれはむしろ、自分のなすべき義務というのはたんに相手契約者への純一のゆるぎない信頼だけであるのに、[1] しかもこの義務遂行の自分の持ち分をいつも十分果たせないこと、したがってつねに相手の純粋な恩恵を必要とすることを、よく自覚しているのである。ルターはこの恩恵を聖書以上にすら強調しているが（ローマ三・二八）、しかしこれは、時として、悪から完全に救われるためには人間の側からも欠くことができない回心の不断のエネルギーと、こうした基盤を自由意志的に維持する力とを、いくぶん弱らせてしまうのである。[2]

(1) ヘブル一一。
(2) もしかれが虚偽の神々に従っているのであったら、かれはやはり、少なくともいくども繰りかえして力強く回心しようと思わなければならない。そうすればやはり何度も神に受けいれられるであろう。エレミヤ二九・一三、イザヤ一・一八、四〇・三一、四三・二五、五一・一二、エゼキエル一六・六三、一八・二三、三一、ホゼア一四・四―六、マタイ九・一四、ヨハネ六・三七。それゆえ使徒パウロも、キリストの説教が力強く根づき発展した人(たんに受動的に傾聴した人ではない)にあっては、もはや人生に必要な賜物に何一つ欠けるところがない、と言う。第一コリント一・七、八。その反対に、元来よい素質を持ち十分教育された人にあっても、一切がしばしば何の役にもたたない。エレミヤ六・二九。人間は、かれにとって決定的な回心に自分自身から到るのではなく、神からのなんらかの力強い衝撃、その呼び声を経験しなければならぬということもわれわれは承認する。しかしやはりかれは神の声に耳傾け、これに従わなければならぬ。こうしたすべてを神学も述べている。しかしあまりに多くの、現代の人間にはまったく理解されなくなった教義論的な言葉で語って、もっと簡単に、心理的に基礎づけることをしない。

この点に立って見ると、世界も、個人生活も、明白な、理解されうるものとなってくる。[1] 一方には世界を創造し、統御し、みずからはいわゆる「自然法則」などに縛られない一個の自由意志がある。といっても、これはなお「秩序の神」であって、そこに規則があり、気ままに支配することを欲しない。これに対して一方には人間の自由意志がある。これは神に従うことも従わないこともできる。悪をも、すなわち神に背くことをも、自己の責任において、なしうる完全な自由がまかされてある。しかし、神の秩序を破壊する力は与えられていない。神の秩序は、むしろすべての悪を善に転ずるものであるが、ただ悪を故意に行なって悔いない者はこれにあずかることができない。人間の生活は、これが正しく形成されたときには、永遠に不変なる神の法則への自由な従属、これによるいよいよ高い精神的な生の秩序への自己教育となるが、さもなければ、そうした能力を、自己の責任で次第に喪失していく、すなわち一種の自己処罰である。人生の幸福とは、神的世界秩序との一致、したがって神の近くにあるという感情であり、不幸とは、神から遠ざかること、絶えざる内的不安、そして究極における全人生行路の実りのなさ、である。かく考えたとき、そのときもなお依然としてわれわれの心には時々抗議の声を上げる、何か割り切れぬものが残って、そうした一切は所詮感覚的に知覚できないものであって、たんなる「形而上学」すなわち人間とその生活目的のための空想にすぎない、と言うかもしれない。だが、われわれはこれを静かにしりぞけなければならない。しだいにまれになり弱まってはいるものの、やはり残っているエゴイズムや些事にとらわれた物の考え方への誘惑をしりぞけるのと同様にしりぞけなければならない。この高次の世界はどこまでも一つの信仰である。しかしそれは次第に、ますます倚《よ》り頼むべき、慰めにみちた信仰となり、一種の内的直観に近づいてくる。ところが一方低次の、たんなる感覚的行為の上に築かれた世界は、最善の場合にも、十全な知識を可能にせず、またいかなる場合にも確実な、魂に平和を与えるような知識を与えない。むしろ高貴で思索的なすべての人々には、不安な疑惑と解けがたく結びついた、苦々しい知識を得させるだけである。

(1) もちろん世界の方が個人生活よりも理解しやすい。個人生活は、その本質である成長ということのために、その時その時に完全にこれを知るということができない。神のみが能く人間を知る。人間は自己自身を知らない。古代哲学の有名な要求「なんじ自身を知れ」は、愚劣事である。すべての自伝、日記的な自己観察の類また然り。人間には決してあるがままの自己自身は見えない。ただ自分の進む道だけが見える。それも登山の際と同様に、たんに一段一段と、短い距離だけしかほんとうには見えない。その先を見ようとすれば、誤ってしまう。

最善の神認識を持っていた始源の人々の宗教も、歴史の伝うるところ、事実このように栄純なものであった。それがやがて数多くの形式ごとによって蔽われたのであるが、それも最初は禍害を容易に防ぐための「禁則」にすぎなくて、生活の戒律ではなかった。後になるとそれが、本来自由、精神、生命であり、またいつまでもそうあるべきものを、機械的強制でなしとげようとする目的をもつにいたった。(1)

(1) エレミヤ七・二二、二三、八・八、イザヤ一・一一—一八、詩篇五〇・七—一三、ミカ六・六—八、ホゼア六・六、ヨハネ四・二三、二四、マルコ七・六—一三。規則が第一ではなくて、自由こそそれであった。

これがすなわちキリスト教の歴史的説明でもある。キリストの為した仕事は、（その後のあらゆる改革の事業と同様に）この神信仰の始源的本質への復帰であった。しかし全体としてのユダヤ民族はこの決意をなしえなかった。もしなしえたら、かれらはその卓越した精神によって世界を支配した最初の民族となったであろう。キリストはみずからユダヤ民族のためにのみ遣わされたと宣言したが、(1)このキリストでさえもかれの民族を、次第次第に成立した形式主義——人間はつねにこれに傾くものであり、形式主義の発達はその後も止むことがなかった(2)——の束縛から解放して、純粋に精神的な神への奉仕にまで高めることができなかった。これはおそらく世界史の最大の悲劇であるが、しかし同時に世界史における人間の自由意志の最大の証明でもあろう。そしてまた、「この元木のうるおいあるオリブにつがれた野生の枝」(3)である他の諸民族も、いくらか異なった種類の同じ形式主義に陥らずにはすまなかったことも、これと同様である。そのためかれらは、今度は、ただかかる歴史的地盤によってキリストの哲学を知ることができる個人の魂において(4)、繰り返し繰り返し解放の過程を歩まなければならない。

（1） マタイ一五・二四、八・一一、一二。キリストの事業もまた、歴史的にこれを見れば、人間の自由意志的な受容に依拠し、その結果失敗にいたったものであり、神の事業が時にそのようになるのと同じである。それは、その当然行くはずのようには、また人間的自由の一致を得れば、行くことができたようには、行かなかった。マタイ二三・三七。

（2） そのため、ユダヤ正教信奉者の現在の生活は、すでにきわめて複雑化した（モーセ五書による）誡律規定のため、おびただしい外的生活の規則にとりかこまれ、それをいつも記憶にとどめていなければ重大な罪をおかすおそれがあるが、それのみならず、タルムード三六章はさらにその註釈と解説のほか、キリストの時代にはまだ存在しなかった多くの解釈を付け加えている。

（3） ローマ一一・一七。それゆえ古い元木はやはりいつまでも元木であって、その救済の時の来るまで失われることはない。（レビ二六・四四、マタイ二一・四二—四四）。したがってこの民族を侮蔑しあるいは迫害するものは罰せられずにはすまない。われわれ他民族の者は元来招かれざる客であり、後からたまたまその機会を得た者にすぎない。マタイ二三・七—九。

（4） ここにおいてはじめて、現代の非常に多くの人々にとって、明白な矛盾が生ずる。なるほどかれらもなお倫理的世界秩序を、その論理的必然性がかれらにもだいたい明白であるから、信じたいとは思うが、このキリストの人格とその秩序との関係を乗り越えることができない。これが今日でも「躓きの石」であることは、かつてユダヤ人が人格なしで教義のみなら受けいれたであろうと思われるのと同然である。マタイ一三・五四。ヨハネ一〇・三三。当時キリストがみずから自身の正統なることのあかしをたてるためにヨハネの弟子たちに言った言葉は、今日もなおかれの人格と事業に対する正統証明である。マタイ一一・四—六。そのほか、キリストの本性に関する思弁は、教会の中へ幸福よりもむしろ争論をひきこんだものであり、今日でもキリスト教そのものがこれに尽きていると思うものが多いが、しかしこれは主要事ではない（これまたキリスト自身の言葉をよりどころとすることができる）。むしろこの本性論のごときは、なるほどすべての人が最初からというわけには行かないが、しかし後になって、人々の魂が自己の良き経験からキリストの言葉を信じることができるようになれば、まったくおのずからに片づいてしまう或るものである。マタイ一一・二五―二七、二八、一二・三二、一六・一七、ルカ一〇・二二、一一・二七、二八、一二・一〇、ヨハネ五・二四、六・二九、三七、七・一五、一六、八・四七、九・二五、三九、一八・三七。

これに対してまた、キリスト教のゆるぎない真理と巨大な生命力の証拠は、その直接の敵対者をつねに打ち破って勝利を占めたことよりも――これは比較的小さなことであり、あらゆるまことの真理の場合にはまったく当然自明なことである(1)――むしろそれが、それなくては決して真の永続的な人間共同社会が成立しえないところの政治的自由の教説となったこと、またそれのみが人間存在のあらゆる問いをほんとうに解決する真の哲学となったこと、そしてまたすべての個人の魂につねに用意された、いかなる種類の大きな不幸にも脅かされない慰めとなったことであり(2)、かかるものとして、その金色の明澄さと心はげますみずみずしい力をもって(3)、人間的な教義や余計な説明や不健全な臆説が漸時積み重なって醸しだした濃い霧とそれにもとづくあらゆる種類の人間的奴隷化を、繰り返し繰り返し突き破ることである(4)。

（1）詩篇二、三七、マタイ二一・四二―四四。かかる点で心配憂慮することはない。そのような人は、真理をほんとうに信じていないのである。

(2) ルカ一一・三一、三六、マタイ六・三三、一一・二九。

(3) それは、不幸にうちひしがれ、あるいは毎日の饒舌と物質的思考の重荷のため、日常生活のじめじめした平地で倦み疲れた魂には、さながらアルプスの大気のごとく作用する。われわれはただ、自身で、ベデカー案内書の類ではなく、福音書だけを手にし、これに眼と心を開いて、――たんに時々、人から福音書の説教をしてもらうのではなく――、ひたむきに登りさえすればいいのだ。この福音書の言葉にのみ宿っている崇高な、平和にみちた気分、それは注意深く読めば誰しも感得するものであるが、これを古代ザクセンの宗教叙事詩『救世主』はおそらく最も完全に描き出している（山上の垂訓の書きだし。一二八六行）。「かくして、地の牧者は人々を前にして坐り給うた。……坐りしまま、黙され、しばしかれらを見まもられたが、この聖なる王の心は人々をいつくしみ、柔和な思いにみちた。やがて神の子は口をひらいて、あまたの善きことを教え給うた。」われわれがこの福音を直接にイスラエルの精神からドイツ人のこころの中へ、小理屈ずきな文学の徒たるギリシア人の手を経《へ》ないで受けいれたら、それはわれわれのもとにもっと深く根をおろしたであろう。

(4) エゴイズムと神への献身は、すべての人間生活においてつねに変わることのない両原理である。しかしエゴイズムはまた、きわめて熱心な教会的信仰と、往々にしてよく両立することがありうる。もっともその信仰はしばしば完全な麻痺状態に終わるたぐいのものである。記憶の中だけに存在している神の掟は、なんらの力もなく、たんに負いきれない重荷と感じられる。しかし神の掟を衷心から捉えるならば、これはあらゆる害悪に対する一種の稀有な予防薬の効果を発揮し、時がたつうちにきわめて軽い荷となってくる。

かくしてここに、「道であり、真理であり、生命である」(1)ものがある。たんなる脳裡の幻想でない、実在の、歴史的に基礎づけられた哲学がある。ついでながら言えば、この道は、あまりに多くの案内者や同伴者がいない方がおそらく容易であろう。孤独の魂の方が、あまりに複雑な「導き」(2)の類などなしで、かえってしばしばこの道を見出すであろう。こうした指導の類を幼いときから受けるとしばしばしばこれに嫌悪を覚えるものである。この道は何よりもまず心の確固たる安定[3]にみちびく。この心の安定はまた、さらにみずから道をつき進む勇気と、わが人生はいかなることになっても決して無益ではないという大きな確信を与える。次には、この道は精神的健康に、[4]またしばしばそれを通じて肉体的健康にも到らせる。後者は前者により多く依存しているものであって、これは今日の医学が考えている[5]のとは逆である。人間を健康にし、健康を保持させるという医学の使命は、たんに物質的な手段をもってしては、決して遂行されえない。

（1）ヨハネ一四・六、三・三六、六・六八。
（2）ルカ一八・一七、一一・四六、二〇・四六。
（3）箴言一四・二六、イザヤ四〇・三一。
（4）現代の多くの道楽、蒐集とか政治運動とか各種のスポーツとかいうものはつねに、人生の真の課題に取り組まない、従ってまた自己自身と分裂を生じている心情の証拠である。エレミヤ二・一三。
（5）精神は肉体に決して無条件には依存していない、むしろその反対にきわめて強力な影響を及ぼすというのが、少なくともキリスト教の霊肉結合の見方である。マルコ九・二三、ルカ六・一九。行伝二八・六参照。それゆえ有名な古い聖歌も言う。

「精神のよろこびにまさる
大いなるよろこびなし、
これにより、老骨もみずみずしくなる。
このよろこびを、主は
われらに、つねに増したもう。」

強烈な欠陥をもっている純唯物論的な過渡時代が終わったら、おそらく次第にまたこのような思想が、科学の重んずるところとなるであろう。

この道はまた社会の健康にみちびく。なんらかの目的に向かってする大衆の不断の煽動[1]によってではなく、その大衆を成りたたせている各個人を健康ならしめることによってはじめてこれをなしとげるのである。個人の健康化によってのみ全体のほんとうの「治癒」が生じるのであって、さもなければこれは多くの場合に欺瞞的な希望にすぎない。

（1）この目的は、ほかならぬ煽動的活動そのものによって確実に変質されたものとなり、しばしばまったく損われてしまう。ルカ一七・二〇、二一。

そしてこの道は、真理を欲し、いかなる値を払っても誠実にこれを求める各人に、その内的満足によって、まったく争う余地のないものとして、たえず自己証明する。[1]

（1）ヨハネ一・一二、四・一四、六・三五、三七、七・一七、八・一二、九・二五、三九。しかし一見熱心に真理を求めるかに見える人が必ずしもすべてこれを欲していない。ヨハネ二・一九、ルカ一六・一四、一五。

さらに、ただこのような世界観によってのみ、大きな意味の正義と平和が総じて可能となる。[1] もしこの世界観がなければ、実に絶え間のない苛烈な生存競争と国民的エゴイズムの自然的横行が不可避的となり、そうなれば最も強い者だけがきまって勝利を占め、しばしば権力をほしいままにすることになろう。貧者と弱者にとっては地獄である。——しかも、強者にとっても天国とはならない。強者は自分の力の減少をたえず恐れていなければならない。もし減少すれば、狼どもの流儀によって、たちまち隣りに控えている者の餌食となってしまうからである。(2)

(1) これはすべての国を征服する第五世界国家であり、そこでは人々は平和に生きることができる(ダニエル四、イザヤ二、四)。さもなければあらゆる「恒久平和」は幻想にすぎない。

(2) この最も強い者が、ローマの皇帝やナポレオンのように唯一の暴君であるか、あるいは、社会主義が必然的にその頭首にいただく暴君の一団であるかは、同じことである。しかしあらゆる集団的専制支配は必然的に個人的支配に終る。

しかしそうはいかないことは、神があきらかにその世界史の新しい一ページごとに示されている。またわれわれは、いかにすべての悪がついにはそれ自身の真中に悪魔を生みだしてその餌食となるか、「柔和な人は、地をつぎ(1)」、かくてさいわいとなるかということを、日常生活において観察することができる。人類が何といってもより善きものへの不断の進歩を遂げているということは、神の存在に対する最も強力な証明である。もし神がいまさなければ、人類は実に、すぐれたローマ皇帝たちの流儀の賢明な専制政治によって、わずかに支配されるであろうが、しかしまたそのために、必然的に一歩一歩堕落していくに違いない。

(1) マタイ五・五、ホゼア一四・一〇、詩篇三七・一一。

それゆえ歴史が教えてくれた自由を愛するが、神の信仰は欠くという人は、いささか非論理的な存在である。神の信仰をもってはじめて、かれは自由の道を行く人類の進歩を堅く信じることができ、新しい一日一日によろこびをもって直面できるのである。さもなければ大衆に対する恐怖と、その結果として、教会あるいは国家の人為的権力への屈服とが、(1) おそらくかれの生涯の帰趨となるであろう。

(1) したがってこれは、現代のきわめて顕著な事実であって、それは前世紀の初頭に似ている。聡明な無神論者は大部分国家の絶対権力の信奉者である。その例としてホッブス、ヘーゲル、ショーペンハウアー、ゲーテなどを挙げることができる。現代の熱烈なビスマルクびいきと社会主義者ぎらいのきわめて多数も、同様に内心の無神論からそうなのである。かれらがもし昔の素朴な教会詩人とともに、「悪魔の国とその群の何するものぞ？　神のみ霊その手をあげたまえば、なべて覆えりて終る」と考えるならば、もっと冷静に時のなりゆきにまかせることができるであろう。時はあらゆる物事を生みだすが、そうした物事の終わりはすでに定められているのである。総じて政治的見解は、一般に信じられているよりもはるかにまさって、宗教的信仰告白の誠実と深さに対する試金石である。

独裁君主国のただ中に、一個の民主主義共和国が存在しているということは、神がいまさなければ、ありうべからざることであろう。それは今日これまでにまさって言えることである。アーラウで開かれたスイス連邦会議の開会の辞に「天地を創造された主の御名において、われらは加護を受く」とあるのは、単純率直ながら深い真実を含んだ言葉である。

政治的自由がなければ、宗教的自由も長くは維持されず、同様に人間隷属に陥るにいたる。「教会と国家」は解くべからざる矛盾である。これに反して宗教的に自由な、自治を有する団体と、市民的なそうした団体とは、最も善く相互に補いあうものであり、それのみがキリスト教のまったく適切な形式といえ、またたしかにその将来の形式でもあろう。

世界は一般にいずれの方向においても、自由によって、完成に到達しなければならない。なんらかの種類の強制や暴力によってではない。各個人のそして次第次第に世界全国民の、崇高な倫理的世界秩序に対する自由意志をもってする服従こそは、世界史の目的であり、目標である。

しかしこの人類の唯一真実なる進歩も、これまた歴史的に、すなわち生活によって実現されるのであって、決して哲学的に、たんなる思惟によって、為されるのではない。

しかしこのような実現にいたるまでは、親愛なる読者諸君よ、ともあれ読者はあらゆる道の中でいずれかを選ばなければならぬ。それは諸君個人の真理の認識のためであり、諸君個人の真実の幸福のためであり、同時に諸君の属している社会の幸福のためである。これらの道は哲学と呼ばれあるいは宗教と呼ばれている。もしそれらが真理と幸福にみちびかないなら、それらはなんら実質的な価値を持つものでない。諸君としてもし、正しい道を誤まり、その結果心の平和な満足にいたりえなかったならば、諸君は自己の運命を歎き、世をはかなむことは決してない。むしろ、諸君は現代の厭世主義を徹底的に軽蔑すべきである。この厭世主義はたいがいの場合、倫理的欠陥あるいは道徳的弱点にもとづいているものであり、決して偉大なものでもなんでもない。諸君がここに薦められた道をあるいはまだほんとうに信じることができなくても、それは私のよく理解しうるところである。なぜなら、諸君はまだそれを真剣に試みていないのであり、おそらくまた、その帰結をことごとくわが身に引き受けようとする決心ができていないからである。

ときどき少しばかり哲学する、そして何かの「体系」を信奉する。あるいはまた、今日ではそれはなんら困難な道道徳的義務を伴わない。[1] あるいは十分健康で、人生を享楽する。今日多くの人々が為しているているように、表面的に、何の矛盾も感ずることなくどこかの教会に所属する。こうしたことは、自分で人生のすべての大きな問題と取組んでじっくり考えを深め、そこに独自の確信を摑むよりも、たしかに容易である。しかしこの最後の道を、根気よく歩いた人はみな、ついにはこの道によって、よろこびと、生と死に対する力と、己れ自身との完全な調和、[2] そして求めていた世界全体に対する自己の正しい位置を見出すにいたったと言っている。――ところがこれこそ、諸君の魂が、意識的にせよ無意識的にせよ、求めているそのものである。これなくしては、この世のいかなる他の財宝や享楽をもってしても、諸君の魂の満足は得られない。

(1) 近代哲学はこの点では概してきわめて寛大であって、古代のストア哲学とは非常に異なっている。純然たる唯物論者については言わずもがな、諸君はショーペンハウアーの小さな述作を読みさえすればいい。ショーペンハウアーにおいて感銘を与えるもの――これは、かれの全体の調子には反感を覚えるはずの婦人たちですら、時として強調するところである――は、およそ虚偽の見せかけものに対して、かれが、その小さな諸論文でしばしばきわめて巧妙に、時代の偶像をすっかり馬鹿にして表白している嫌悪にある。人間天性のより善き半面は、大いに真実を求めるものであるから、虚偽の見せかけに対するあらゆるそのような抗議は、人々の心に反響を起こし、解放的な効果を生ずるものである。人は、何を自分自身が人生目的と宣言するか、ということによってわれとわが口で己れに判決を下す。これは免れることのできぬことである。すべての時代を欺くような完全な、成功した偽善というものはこの世にごく稀有である。
（2） イザヤ四〇・三一、エレミヤ一七・五—八。

すでに肉体の健康のためだけでも、いわんや自己の外的または内的幸福のためともなれば、諸君はしきりにさまざまなことを試みるではないか？ 裸足で歩いたり、濡れた布にくるまって寝たり、巡礼に出たり、祈禱週間をまもったり、その他このたぐいの手軽な「宗教的苦行」は、諸君がわが身に果す、単純な信仰の最も小さな業である。実際世には何千という人々が魂の救いを求めて、ありとあらゆる苦労、ありとあらゆる馬鹿げた事、ありとあらゆる苛責と死の危険を、敢えて試みてきたのである。しかし魂の救いの道は、もっと手近にあって、はるかに簡単なものである。最後に宗教改革時代のある学者が、これについて語っているのを聞くことにしよう。もっともかれ自身はこの道を歩き通さなかった。はからずも、道を知ることではなく、それを歩むことこそ大事だということの証拠となりなったわけであるが（かれはキリストをして語らしめている）。

「神の言葉を信じようとしない
あなたがた人間の愚かさよ。
わたしは約束を忠実にまもり
それを果たす力、その権威の持主だ。
その私をいつも疑っているとは

なんと愚かな人たちなのだ。

あなたをいつくしむ心にみちた
この私のもとへ、なぜ訪れてこないのか。
安全な、自由の場所
すべての罪が許しを得る場所がここにある。

してみれば、わたしを忘れたあなたが
みずからの盲目のために死を招いても
わたしを咎めるな、わたしに訴えるな。
いい、いい、いい、
己れの好むところに、あなたは従ったのだから。」

ヒルティの生涯

カール・ヒルティ（Carl Hilty）はスイスのザンクト・ガレン州のライン渓谷にある小さな美しい町ヴェルデンベルクに、一八三三年二月二十八日生まれた。ヒルティ家はこの町に数百年もつづいている旧家であり、祖父も父も医師を業としていた。ヒルティの生まれた家は「赤い家」と呼ばれ、この町としては立派な家の一つで、現在でも残っている。もっとも父ヨハン・ウルリヒ・ヒルティはそのときグラウビュンデン州の主都クールで開業しており、その妻エリーザベット（旧姓キリアス）とともに帰省していたときに、カールが生まれたのである。だからカール・ヒルティにとっては故郷はこの祖先代々のヴェルデンベルクの町と、少年時代をすごしたクールと両方あるわけである。（ヒルティという名字は、古高ドイツ語のヒルドあるいはヒルディより出て、「戦う者」の意味である。）

母エリーザベットはクール在住の軍医の娘で、繊細な心情の人で、信仰深く、また文学的天禀《てんぴん》があった。「彼女の顔は心の透明な窓であって、そこから柔かなかがやきを帯びてその気高い魂があらわれていた。彼女の浄らかな青い眼には、親切と平和がみちていた」と伝えられている。この母からカールは非常に多くのものを受けついだ。「私は宗教的に教育された。しかしあまり厳格ではなかった。私の母――その性格の主要なものはほとんど全部私に伝わった――は、感受性の強い人だったが、盲目的信仰の非寛容的なキリスト者ではなかった」とヒルティは言っている。姉アンナ、兄ヨハン・ウルリヒとともに、カールはクール市で恵まれた少年時代をすごした。（この兄は後年父のあとをついで、すぐれた医師となった。）小さい時のカールは非常に病弱な子供であったが、次第に健康になっていった。だいたいグラウビュンデン州は、スイスの中でも一種独特な気風を持ったところで、ことに当時はまだ静かな、他郷の人間などもほとんどはいってこない時代で、住民は独立不羈の精神にみちていた。一緒に住んでいた母方の祖母なども、そうした生粋のグラウビュンデン人の一人であった。いわゆる世論などに動かされないで、自分としての物の見方を持たなければならない、と幼い者に説いてきかせたのはこの祖母であった。

カールはやがて、その町の小学校にはいった。この幼年時代における貧しい人々との交際を、かれは生涯忘れることができなかった。後年にもかれは述べている、「私の不屈の民主主義的確信は、何よりもこうした貧乏な同級生やその家庭を見たことから生じたものである」。

この小学校でも、それにつづくグラウビュンデン州立学校でも、ヒルティは抜群に優秀な生徒であった。しかし繊細で良心的な少年は過大な負担のために苦しんだ。当時の州立学校の授業は、毎日午前七時からはじまり、一時間の昼休みをはさんで、夕方六時か七時までつづいた。その上宿題がむやみに多くて、上級生ともなれば十二時より前に床に就くことができなかった。日曜日はまた午前に説教があり、午後は軍事教練があった。

当時の教会および学校における宗教教育は、形式的なつめたいもので、若いヒルティに反感を覚えさせた。この想い出がかれの『幸福論』の中などでも所々に出ている。このような状況の中で、愛する母が一八四七年になくなったのは、少年の魂に大きな打撃であった。かれの人生に深い哀愁が伴うこととなった。

こうしたヒルティおよびその姉や兄をなぐさめたのは、夏休みなどに訪れる祖先以来の町ヴェルデンベルクであった。ヒルティの父は、この地の古城を手に入れたので、ここで子供たちは読書と夢想の楽しい時間を持つことができた。ヴェルデンベルクはヒルティにとって「夢と浪漫主義と感傷の国」であった。かれは多くの詩を作った。

一八五〇年七月に州立学校を卒業した。法律を学ぶ決心をし、翌年四月ドイツに行き、かつての父が学んだゲッティンゲン大学にはいった。法学のほかに哲学や歴史の講義を聞いた。当時はヘーゲル哲学がまだ全盛を誇っていたけれども、かれはヘーゲルよりもむしろカント哲学にひきつけられた。カントの『純粋理性批判』を真に基礎的で、かつ最も周到な唯一の哲学書と、ヒルティは後年でも呼んでいる。かれの法学研究の基礎はローマ法であった。しかし大学の講義よりもむしろイェーリングの『ローマ法の精神』を読んで得たものが大きかった。多くの詩人たち、ハイネ、リュッケルト、レーナウ等々も愛読した。一八五二年にはハイデルベルク大学に移った。これまでは大学生の仲間にもはいり学生生活を楽しんだが、ここではむしろ孤独の中で暮らした。新約聖書を熱心に読み、伝統的なキリスト教につながるものが自分の存在の底にあるのを感じた。一八五四年の春、法学博士の学位を得、ロンドンやパリに遊学して、見聞をひろめた。ロンドンの図書館では、当時評判のシュトラウスの『イエス伝』などを読んだ。かれの宗教観はまだきわめて不安定で、いろいろ動揺している。日記の一節には「私はいま新しい時期にさしかかっている。理性を放棄するような信仰の道を歩むことは、私にはもはやできない。私の選んだのは認識の道、もっと嶮しくて長い道だ。その目標の言葉は《なんじは神のごとくなりて、善悪を知らん》である。これは危険な道だ」などと書かれている。しかしまた一方敬虔な帰依のこころをも失ってはいない。シュトラウスを読んでも、結局知識と信仰の問題をつきつめている。

一八五四年、父の希望もあってクールに帰ってきた。そして弁護士を開業した。若年にもかかわらず明哲で誠実な人柄と卓越した能力のために、たちまち人々の尊敬をあつめ、まもなく州の最も重要な事件はことごとくかれのところに持ちこまれるほどになった。不幸な人たちのために奉仕的に尽力した。ヒルティは、一国の道徳的状況は、その法律家の一般的水準で測ることができるという。当時スイス各州の法律は非常にまちまちで、かれはこの統一のために生涯努力を惜しまなかった。スイス民法の統一はオイゲン・フーバーの功績とされるものであり、ヒルティの死後達成されたが、まったくヒルティの精神を継承したものであった。(刑法の統一はずっとおくれ一九四二年となった。)一八六六年に『民主主義の理論家と理想家』というすぐれた論文を書いたが、その中にはつぎのような言葉がある、「道徳的に衰えた国家は、最善の法律をもってしても、なんら良き裁判を持ちえない」。

弁護士生活の多忙の中でも、かれはラテン・ギリシアの古典を読み、キリスト教を除いては、ストア主義のみが真摯な人生を形成する力を持っていると考えた。

スイス国民の義務として、一八五六年からヒルティは軍務に服した。やがて法務官となり、終生その任にとどまり、一八九二年以後は陸軍法務長官の要職にあった。このような兼職でもすこしもおろそかにすることなく、精励格勤ほとんど一日の休暇も取ったことがなかった。

一八五七年ヨハンナ・ゲルトナーと結婚した。ボン大学の国法学教授グスターフ・ゲルトナーの娘で、父を失ってからスイスの親戚のもとにあった。この結婚は非常に幸福であった。ヒルティは結婚を重視し、地上の物事の中の最も聖なるものと考え、個人および民族の祝福の源泉となるか、さもなくば呪咀の根源となると言っている。夫人はゆたかな才能をもっていたが、何よりも無私献身の人であった。三人の子供（長女マリア、次女エディート、長男カール・エドガー）の世話をし、同時に夫の仕事のために疲れを知らぬ助力者であった。四十年の結婚生活ののち一八九七年の春に、夫に十二年先立って死去した。「私がこの地上で知ったすべての人々の中で、来世において最も逢いたいのはわが妻である」とヒルティは言った。ヒルティが作成する書類の筆蹟がいつもきわめて美しいので、同僚の一人がそのような有能な書記を持っていることを羨むと、ヒルティは言った、「残念ながらこの書記をあなたに譲ることはできない。これは私の妻です」。

このクール時代に、ヒルティのキリスト教への決定的な回心が起っている。ヒルティの生涯は決して外的波瀾に富んだものではない。むしろ内心の見えざるたたかいの不断の連続であった。ここにいたるまでのヒルティの辿った道もダンテの『神曲』の冒頭のように「小暗き森の中の彷徨」であった。この決断についても、かれは後年に書いている。「神、キリスト、見えざる世界と世界秩序を、見えるそれらと並んで信ずることは、最初はつねに一個の決断である。多くの人にとっては絶望の行為である。そのような驚くべきものの真理と必然性を哲学的に納得がいくまで待とうとすれば、人は決してそれにいたらない。」

一八六三年の秋は大きな転換の起こった時である。「一八六三年十月は、多大の幻滅と深い憂慮を通って成熟した私の精神が新しい沈潜を求め、エルヴェシウスの『精神論』から出発して、あらゆる哲学の大きな迂路を経て、唯一の真実の理想にもどった時期である。すでに一八五三年予感的にこの理想は私の精神を捉えていたのであるが」とかれは書いている。一八六七年末の日記には、自己の精神生活の「記念すべき日」を次のように記している。「一八六三年十月三十日、エルヴェシウスの『精神論』による精神のめざめと探求。一八六五年十月二十四日、アウグスティヌスによってキリスト教に磁針は定まった。一八六七年十二月十七日――三十一日。新しき人生。ベルレブルク聖書によって自己の人格と力に対する断念。」また別の記述によると「一八六三年十月二十日の午後三時、新しい人生のはじまり」ともある。いずれにせよ、内的転換の起こったのはかれの三十歳のときである。この三十歳頃をヒルティは一般に人生の最も重要な時期と見ている。それ以前に為される決心はともすれば一時的な感激にすぎないことが多いと言う。『神曲』などにしても三十歳を過ぎてからはじめて読むべき書物であると言う。かくてここにヒルティの魂の奥底に目立たない、静かな、しかし決定的な変革が生じた。かれの新しき生命の慰めと励ましになった書物は、『聖書』のほか、ダンテ、アウグスティヌス、ユング・シュテイリング、テルシュテーゲン、ザイラー僧正、聖女テレサ、フランツ・フォン・ザーレス、ジェノアの聖女カタリナの著作であった。

一八七三年ヒルティはベルン大学の国法学教授になった。故ヴァルター・マウツィンガー教授が後継者としてヒルティを所望したからである。先に挙げた論文『民主主義の理論家と理想家』などでかれの力量は認められていた。以前から、クールの弁護士をしながら、もっと広い自由な世界に出たいというあこがれが萌していた。かれはこれをひたすら抑えていたので、いまや神の手のみちびきを感じてよろこんでこの職についた。翌年の夏学期からスイス国法を講じはじめ、後には一般国法学および国際法学を講じ、総長にも二度（一八八二年、一九〇二年）選ばれた。その死にいたるまで三十五年間、ヒルティはこのスイス連邦の首都ベルンにあって、教授として、著述家として、また政治家として活動し、その声名は世界にひろがっていった。その間にはいろいろな失望もあり、敵の攻撃もあり、身辺の不幸もあった。しかしこうした試練はかれの内的信念を強めるのに役立つのみであった。

かれは学者としての天職を尊重し、またスイスにおけるベルン大学の精神的地位をきわめて重視した。それはスイス魂の中心の砦であり、「その構成と維持はゴットハルトやヴァリスの要塞以上に重要である」と言ったこともある。かれの生活はカントを想わせるように規則正しく、毎日ご時間の散歩も欠かすことがなかった。その主要講義は、夏は七時、冬は八時に正確にはじまった。かれの七十五歳の誕生日に、同僚や学生が祝賀の訪問をする時間を問いあわせたら、「最も好ましいのは朝七時以前」と返事をしたのは、有名な逸話である。かれが『幸福論』その他で人に奨めている時間節約や良い習慣をつける方法は、みなかれ自身の経験によるものである。多大の仕事をなしとげつつ、つねに読書を愛して見識と知識を増大した。それも過去の良書を好んで読んだ。「私は生者よりもむしろ故人と精神的に交際し、またかれらを理解した。私の最もよく理解した人々は、キリスト、洗礼者ヨハネ、ダンテ、トマス・ア・ケンピス、タウラー、クロムウェル、カーライル、ブルームハルト、ブース夫人、また一部分のトルストイ」と言っている。

その活動は大学の教職だけにとどまらず、一八九〇年以来、二十年にわたり、すなわち死にいたるまで、郷土のザンクト・ガレン州選出の国会議員であった。かれはしばしば気骨にみちた高邁な演説によって、スイス民主主義のために主張するところがあり、反対党からも尊敬された。また一八九九年ハーグの国際仲裁裁判所ができたとき、スイスは国際法学の権威であるヒルティを送り、その判事たらしめた。しかし国際連盟の計画にはかれはあまり期待を寄せなかったようである。「とくに小国家の独立精神を失わせることになろう」とも言っている。世界平和はまず個人の魂の中に成熟しなければならぬ、という信念であった。またかれは平和主義者ではあったが、スイスは強い軍隊の保持を必要とすると信じた。それはいざというときに自己の立場を守って孤立するためである。スイスは現在も国際連合に加入していない。

ヒルティの政治的、法律的、歴史的著作はきわめて多いが、なかでもかれの政治的思索の記念碑的作品は二十二巻の『スイス連邦政治年鑑』である。これは一八八六年から一九〇九年に及び、最終巻はかれの死後数週にして刊行された。かれの倦まずたゆまぬ編輯のもとに成り、毎巻六七百ページもあり、その内容も決して無味乾燥なものでなく、社会と人生のあらゆる領域に対して批判と知恵が溢れ、随所にヒルティ独特の至言がちりばめられている。しかしこのように現実政治に深い関心を寄せながらもヒルティは「偉大な思想は、政治以外の場所に求められなければならない」と言っている。

ヒルティのこうした政治的、法律的、歴史的労作の類は、ともすればかれの『幸福論』や『眠られぬ夜のために』その他の倫理的宗教的な著作に押されて、あまり人に知られていない。ヒルティは偉大なモラリストとしての声名によって世界的になったので、かれのその他の活動にはあまり注意が向けられていない。しかし、その多面的な活動領域の底にはつねに一貫したものがある。何よりもかれの思想はスイスという歴史的現実に深く根ざし、その独立自主の連邦精神と切っても切れない関係にあるのを看過すべきではない。民族的であって国際的である、といわれるスイス精神の形成とヒルティの思想は切り離すことはできない。かれの真摯な信仰は同時に、スイスのデモクラシーの精神的基礎たるべきものであった。かれは大国の中にはさまれて平和と独立を維持するスイスにおいて、神によって選ばれた国としての特殊な意義を信じていた。歴史家としてのヒルティが最も興味を抱いたのは、いわゆる《Helvetik》の時代、一七九八年から一八〇三年にいたるスイス統一国家形成時代であって、ヒルティは、スイスはその国家理想を他国から借りることはできず、また抽象的思弁から拵えることもできないこと、またスイス連邦形成当時におけるような高い理想なくしては、スイスは存続しえないことを証示した。ヒルティのモラリストとしての思想は同時にスイス連邦精神の柱石たるものであり、それによって世界史の要求に対する大きな義務の遂行という一貫した精神で考えらるべきものである。このような見方でヒルティの著作を読むと、われわれにとってまた理解し易くなる側面もある。

しかし何といってもヒルティの名を国際的にしたのは、その倫理的宗教的な一連の述作であり、それらの名著は今日ではすでに古典的なものである。

『幸福論』(第一、二、三部)はこの方面の最初の著作であるが、こうしたものを書いた動機について、ヒルティは後年ある人に語っている。「私は最初クールの弁護士であった。そこでは州立学校に師範学校が付属し、それぞれ別の校長を持っていた。私がベルン大学に呼ばれたのちに、その師範学校の職員の問いで世界史に対する見解がわかれたとき、その校長が、私が歴史について物を書くことを知っていて、何か書いてくれと頼んできたのである。これは八十年代の終わりであった。当時わがスイスにおける教育者新聞は進化論と唯物論の強い影響下にあった。そこで校長は、私もそういう考えだと思っていた。しかし私は自分自身に向かって言った。さあいまこそまさしくその反対を書いてやろう。人類の歴史は、盲目な恣意によってではなく、高次の存在によって導かれていること、一切がたんに不可避的必然の生起と展開ではなく、あきらかに高次の手が存在するということを書くのだと。クールではまもなくこのことに気がついて手紙をよこしたりした。しかし、それにもかかわらず続けてくれるように頼んできた。というのは、購読者が私の論文のためにすでに非常にふえていたからだ。論文は、ほかでもセンセーションを起こした。」

こうした論文をあつめた『幸福論』第一部は一八九一年に世に出た。すでにヒルティは五十八歳に達し、そのゆたかな精神的収穫を人にわかちあたえるにふさわしい境地にあった。わが国では従来から『幸福論』と訳されているが原題はただ『幸福』(Glück)であり、この書は決して幸福とは何かというような論議に尽きるものではなく、むしろヒルティ自身の見出した「幸福」を直接の確信を持って語っているといっていい。したがってケーベル博士のいうように「ヒルティの著書の何処を開くも、何れの書物に於ても又殆ど何れの頁においても我等は明晰に単純に且つ決然として述べられたる卓越せる思想に逢ふ」ということになるのである。まさに人生いかに生くべきかを教える徹底した信仰と思索、しかも同時に驚くべく実際的で端的な指針にみちた書物である。反響は大きかった。国外でも読まれ、いちはやくロシア語に訳され、つづいて各国語に訳された。つづいて第二部が一八九五年、第三部が一八九九年に出た。いずれも八篇の論文から成っている。ヒルティ夫人はこの執筆中たえず批評と助言によって夫君を助け、ことに第二部は「多くの肉体的困難と、大きな魂の憂慮の中で」書かれたもので、夫人の寄与は大きかったようである。

ヒルティの意味する「幸福」は、もちろんわれわれの諸欲望の達成ではない。富や名誉や享楽ではない。究極において健康でもなく、教養や芸術でもなく、またある宗教的宗派に所属することでもない。かれにとって幸福の第一必須の条件は、倫理的世界秩序への確固たる信仰であり、またそれに支えられた仕事である。そのためにはかかるものへ踏み切る勇気ある試みが必要であり、ここに罪と心配からの解放が生じ、神とともにあることがいよいよ緊密となり、かくして内的平和のみなぎる流れがいよいよ強くなることが、その真理性の実証となる。こうしたいわゆる世俗の幸福を捨て、これを超えたところの「魂の内奥における静かなる点」を確保した者は、多くの苦難に遭遇してもかえって自己の信念を強めこそすれ、すこしも動揺することはない。さらには苦難のうちにあってこの不可思議な幸福はきわめて大となり、ついには苦難から離れるのが、かえって気が進まなくなるほどである。なぜなら「それが去れば同時に神の力とその不断の近接と助力の独特な感情——地上におけるあらゆる他の感情にまさった、神の実在の真実の感じ——もまた失われるからである」。この感じは「神に対する希望と確信との静かに燃える光であって、この裡にあるとき、人は多くのものを堪えうるのみならず、不幸のただ中にあって幸福に感ずることさえできるのである」。

『幸福論』全三部は最近でも新版が出ていて、すでに数十万部に達し、間断なく人々の魂の慰めと鼓舞となっている。第一次大戦のときには兵士が塹壕の中で、その抜刷をしきりに読んだということである。絶望から救い信仰につれもどす力を証示したのである。

ヒルティはさらに一八九五年に『読書と演説』を書いた。一八九七年には『神経衰弱について』を書き、この近代的病患とその治療法を述べた。また『礼儀について』も書いた。一九〇一年には『眠られぬ夜のために』第一部が世に出た。一年の各日にあてて、さまざまの短い感想を配したものであるが、ヒルティが「自身の人生経験にみずから考察を加えたもののみ」である。これも非常に反響が大きく、多くの版を重ねた。『眠られぬ夜のために』の第二部はヒルティ歿後一九一九年にその長女、メンタ教授夫人によって編まれた。これはヒルティが生前用意したものにより、若干欠けている部分を、かれの手紙や未刊行のものから補足したものであるが、その精神の深みにおいてさらにまさるものがある。

一九〇三年には『書簡集』、一九〇六年には『新書簡集』が書かれた。どちらも書簡の形式に託して、教育や友情や、あるいは神の国の主題やダンテについて、ヒルティ独自の深くかつ滋味ある見解を述べたものである。つづいて『病める魂』（一九〇七年）『永遠の生命』（一九〇八年）が書かれた。ヒルティがなくなってから数週後、『力の秘密』が刊行された（一九〇九年十二月）。これは澄んだ老聖者の魂が、いかに大きな愛にあふれているかを証示する書物であり、どのページからもすでに永遠のいぶきが伝わってくる思いがする。ダンテが太陽と星晨を動かすものは愛の力だという信仰告白によって、その『神曲』を結んだように、ヒルティも最後に言う。「あなたが病気その他で参り、人生に幻滅し、意気沮喪し、衰弱し、あるいは孤独な思いに陥っているならば——愛への決意をするか、あるいはこれを新たにしなさい。それはあなたを助けることができるでしょう。Amor omna vincit——愛はすべてにうち勝つ」と。

ヒルティの遺志によって、死後一九一〇年に刊行されたものには『キリストの福音』がある。これは四福音書をあわせて一本とし、これに註の形式でヒルティの考察を付したものである。

ヒルティの晩年は、かれがその著作でしばしば述べている老年の生き方が具現されている。かれの言うように老年になることは退歩ではなくて進歩である。「老年は普通いわれているよりもはるかにいい。いや、清新潑溂たる青春にさえもまさっている。それも二つの条件のもとでのみである。第一には、人は自然的な力以外の力を持たなければならない。第二には、人生の彼岸的継続への確信を持たなければならない。」そしてさらにいう、「人生は老境においてますます美しく、崇高なものになることが可能であり、またなるべきである」。人生のあらゆる時期においてと同様、老年においても神とともにあること、そして仕事をすること、これを失ってはならない。

しかしかれの闘いは続いていた。その唯ひとりの息子であり才能あるエドガーの病気は悪かった。総じてヒルティの生涯を通じて、その思想および行動と、一般世人のそれとの間には大きな間隙があった。それは敵意と誹謗の因となった。嘲弄も受けた。かれの著作を攻撃するものも絶えなかった。プロテスタントの神学者の側からは、かれのキリスト教観を許しがたいとして公然と攻撃を加えた。ヒルティはすべてに耐えた。「自分の生涯から苦悩を抹殺すれば、私はきわめて善いものも記憶から失ってしまうだろう。すべてはそのような時期に生長したものばかりである。私の経験の総計において、私はそうした苦悩の何一つも失いたくない。」

一九〇九年九月中旬、ヒルティは次女エディートを伴って、ジュネーヴ湖畔のクラランに行った。かれの最も愛するこのあたりの風物は、ゆたかな秋の充実をもってかれを迎えた。十月十二日、習慣となっている朝の仕事ののち、湖畔の道を散歩した。ホテル・ミラボーに帰ると、不快を感じたので、横になった。令嬢が暖かい飲物を持って部屋にはいってきたとき、ヒルティの魂はすでに地上を去っていた。心臓麻痺であった。「人生の最後の呼吸まで、精神的に親鮮で活動的であり、ついには、完成された神の道一具として《仕事中に》(in den Sielen) 死ぬということ、これは善く整えられた老年の正しい経過であり、総じて人生の最も願わしい結末である」とかれがかつて述べたとおりであった。卓上には聖書のほかに、書き終えられたばかりの原稿『永遠の平和』が載っていた。七十七歳に近かった。
　十月十五日ベルンの聖霊教会で告別式が行なわれた。ブレームガルテン墓地の夫人のかたわらに葬られた。墓碑銘には Amor omia Vincit（愛はすべてにうち勝つ）と刻まれている。

氷上英廣

ヒルティについては上掲「ヒルティの生涯」の中で述べたし、『幸福論』の成立、またその内容についてもだいたい書いたので、ここに繰り返さない。ただ補足的なことを二、三記してみたい。

日本に最初ヒルティを紹介したのは、明治の末に東大で哲学を講じたケーベル博士である。博士の『続小品集』（久保勉氏訳）の中に収められている「カール・ヒルティ」の一文は、いま読んでも実にすぐれたヒルティ入門である。『幸福論』が書かれたのは前世紀末であるから、その後世界は二度の大戦を経験し、社会状況もずいぶん変わっているので、『幸福論』のところどころに時代のずれを感じさせるものがなくはない。しかし、そうしたものも、ヒルティの思想と信仰、いやヒルティの存在そのものの持っているユニークなものにくらべればほとんど問題にならない。この点ではケーベル博士が感じたものと事情は少しも変わっていないようである。ヒルティは、博士の「生涯の伴侶」である。ケーベル博士にとって、ヒルティの文学的嗜好は必ずしもつねに同意を表することができないし、またその汎神論への反対は大いに不満である。そればかりでなく、「猶この外幾多の点に於て私とヒルティとの間には意見の相違が在る。また彼の叙述や表現法の上にも、私は時々多少批難すべき点を見出すのである。然しながら私は其他の点に於ては、しかも、何人にとっても最重要である若しくはあるべき筈のものに関しては、全然彼に同ずる者であるが故に、上に述べた如き意見の不一致は我等の間を分裂せしめることは出来ない。のみならずそれ等は実際全く非本質的なるもの及び外面的なるものに関せるもので、それに就いては論争すべきではないのである」と博士は言う。われわれもひたすらヒルティの本質的なものを求めなければならない。ヒルティは人生いかに生くべきかを実にはっきりと教える。深く徹底した信仰に立って思索し、そこからきわめて実際的な処世の指針を与える。穏和な叙述ながら、読む者に迫って決断の勇気を求めるものがつねにそこにある。訳者はことに「幸福」や「人間とは何だろう」などの章を訳しながら、その行間に潜むものにいかにもこくがあるのをいまさらに感じた。何よりもヒルティが『幸福論』を書いたのはすでに五十八歳であって、ほんとうに人生を眺望する峠に立って言うべきことを言っている感じである。ヒルティはこれまで主として青年時代にだけ手に取られ、読まれてきているようであるが、むしろもっと年を取ってからその真理性を検証さるべきもので、壮年の人、老年の人にも読んでもらいたい。

しかし訳者が同時に感じたことは、ケーベル博士以来、ヒルティはもっぱら倫理的宗教的な著述家として、モラリストとしてのみ評価されてきたが、これからはスイスの精神と気質、またスイス連邦の独自な民主主義と関連して読まるべきではないかということである。この点は「ヒルティの生涯」でも触れておいたが、ヒルティは母国スイスを「ヨーロッパの平和の砦」と見、その砦の真実の礎石は個人の魂の中に据えられなければならない。それをゆるぎなく据えることがヒルティの生涯の努力であり、そこにかれの法学者、政治家の活動と一筋になった努力があり、同時にかれの求めた幸福にもつながると思うのである。（本書ではことに「人間とは何だろう」の中にその一端がでている。）戦後日本の民主主義とも関連して、ヒルティのこの側面を新しく見直すことが必要であり、そのためにはかれの政治的法律的歴史的著作などもっと紹介さるべきではないかと思う。

この『幸福論』をはじめ、どの著作にも註が多いが、これはヒルティの場合では本文と同じように重要である。聖書の参考個所などたくさん挙げてあるが、読者の中には一々その個所にあたって見られる熱心な方もあると思う。（ただヒルティの使っている聖書は、その愛読するベルレブルグ版聖書らしく、現行邦訳のものとはすこし違って、ぴったりしないところもあるのを惧れる。）ヒルティは実におどろくほどの聖書の精読者であり、かれの信仰は、聖書の倦むことのない研究と、その真理性を自身の人生経験でたえず試みるという方法であるといってもいい。かれは元来カルヴィニズムの傾向をもったプロテスタントであるが、著作の随所にあらわれているように、カトリックの長所をも認めている。宗教改革者よりもカトリックの聖者の方に好意を寄せている。宗教改革の時代に、どちらの側も決定的な勝利を得なかったのはいいことだ、という見解を持っていた。（最も早くヒルティ伝を書いたハインリヒ・アウエルはカトリックの人である。）しかし何よりも、かれの信仰はおよそ教会の形式主義といったものから遠く、また一方神学の知的思辨からも同様に遠い。神への道は神学を通じての道ではないという考えであって、そのために神学者からつねに攻撃を受けた。かれの「キリストのキリスト教」ははるかに単純なものである。しかし単純ではあるが、勇気と決断を前提とする。かれの幸福は倫理的世界秩序への確信と、それに支えられた仕事である。正しい信仰のたしかな証拠は、内心のたえざるよろこびであり、かれによれば、かかるものが他の人に伝わることこそキリスト教のあらゆる宣教にまさった宣教なのである。かれの幸福は畢竟、神とともにあることであり、それによって内的平和が「みなぎる流れ」となることである。かれの神は「怒りの神」ではない。神の怒りは、神が人間から遠ざかること、神の与えた平和と霊がこの世に力を失うことに示される。一般人の信仰が、神を求めて、その助けによって、より幸福な、より満足な、あるいはより立派な生活を送れるようになるということであれば、ヒルティの場合は、神の傍にあることが、幸福そのものなのである。前者は神を自分に必要なだけ求める。後者はおよそ可能なかぎり神を求める。ここには神秘主義的体験が加わっているとも言えるであろう。

　ヒルティの信仰と思想については、すでに刊行されている「著作集」の各巻が詳しく伝えているはずであるから、ここにこまかに述べる必要はあるまい。しかし結局ケーベル博士のすすめているヒルティの読み方がやはり最もいい読み方であって、これにまさる読み方はあるまい。「私が読者に与ふるを敢てする唯一の好意的忠言は、先入の見を棄ててヒルティを読み、この著者の考方に能く親しみ、その中に沈潜《フエアテイーフエン》しさうして己が生活をそれに従って整頓するやうに試み給へ、との一語である。」

『幸福論』第一部はすでにいくつも邦訳があるようであるが、訳者は草間平作氏と秋山英夫氏の訳業を時に参照して得るところがあった。また東大教養学部の教官諸氏からいろいろと教示にあずかった。ここに感謝の意を表する次第である。

一九五八年秋

氷上英廣

訳者略歴

氷上英廣（ひがみ・ひでひろ）

一九一一－一九八六年

ドイツ文学者、東京大学名誉教授

主要著書

『ニーチェの問題』、『ニーチェとその時代』、『ニーチェとの対話』他

主要訳書

ニーチェ『反時代的考察』『アンチクリスト　偶像の黄昏』『ツァラトゥストラはこう言った』、ベルジャーエフ『歴史の意味』、キルケゴール『不安の概念』他

本書は、一九五八年に刊行した『ヒルティ　幸福論Ⅰ』を元に新たに組み直しました。その際、漢字・送り・表記などを一部改めました。

ヒルティ　幸福論Ⅰ

二〇一二年　二　月一〇日　第一刷発行
二〇一九年　四　月二〇日　第二刷発行

著　者　カール・ヒルティ
訳　者 © 氷　上　英　廣
発行者　及　川　直　志
印刷所　株式会社　理　想　社
発行所　株式会社　白　水　社

東京都千代田区神田小川町三の二四
電話　営業部〇三（三二九一）七八一一
　　　編集部〇三（三二九一）七八二一
振替　〇〇一九〇－五－三三二二八
郵便番号　一〇一－〇〇五二
www.hakusuisha.co.jp

乱丁・落丁本は、送料小社負担にてお取り替えいたします。

誠製本株式会社

ISBN978-4-560-08201-0

Printed in Japan

メルロ=ポンティ哲学者事典 全3巻・別巻1

モーリス・メルロ=ポンティ 編著
加賀野井秀一、伊藤泰雄、本郷均、加國尚志 監訳

第一巻 東洋と哲学 哲学の創始者たち キリスト教と哲学
第二巻 大いなる合理主義 主観性の発見
第三巻 歴史の発見 実存と弁証法 「外部」の哲学者たち
別 巻 現代の哲学・年表・総索引